AF589832

CATULLE

TRADUCTION NOUVELLE.

Reveuë & corrigée apres celles qui ont esté faites en Prose & en Vers, depuis la premiere en Prose de l'année 1653. dediée à Monseigneur le Prince Palatin Edoüard de Bavieres : Et depuis encore, ce qui s'en est vû en Vers dans les Additions qui furent iointes à l'Edition de Virgile en 1673.

Par le mesme Autheur. M. de Marolles Abbé de Villeloin

A PARIS,

De l'Imprimerie de IACQUES LANGLOIS, fils, ruë Gallande proche la Place-Maubert, vis-à-vis la ruë du Foüarre, à l'Image S. Iacques le Mineur.

M. DC. LXXVI.

Avec Privilege du Roy.

AVERTISSEMENT.

IL ſuffit de dire que ces Poëſies ſont de Catulle pour en faire l'Eloge. On croit les avoir renduës aſſez naïvement ſans perdre les meſures qu'il faut toûjours garder dans l'honneſteté, pour ozer eſperer qu'elles ne déplairont pas à ceux qui ſe connoiſſent en ces ſortes d'ouvrages, & qui ne haïſſent pas les Vers de quelque main qu'ils ſoient preſentez, quand ils ſont bien tournez.

Catulle appellé Quintus Valerius Catullus, nâquit dans la Peninſule de Sirmion, aſſez pres de Verone ſous le Conſulat de Cajus Marius pour la ſeptieſme fois, & de Lucius Cornelius Cinna, environ vingt-deux années avant la naiſſance de Virgile. C'eſt à dire 86. ans avant celle de noſtre Seigneur.

Le nombre des pieces qui nous reſtent de cet Autheur eſt de 127. entre leſquelles les huit grandes qui y ſont, ſe liſent de ſuitte à commencer au nombre 62. A ſçavoir deux Epitaphes pour les Nopces de Manlius & de Iulie, qui meritent bien la reputation qu'elles ont acquiſes pour la delicateſſe de leurs penſées, ſelon les Coûtumes [illegible] en ſes ſortes de ſujets, avec le tour des Vers. Le Poëme d'Atys & de Berecinthie qui ſe lit apres les Epitalames, a bien quelque beauté ſans doute dans un tour d'Elegie, mais non pas ſans quelque difficulté Celuy des Nopces de Pelée & de Thetis, où le Poëte inſere le grand Epizode de l'Hiſtoire de Theſée & d'Ariadne, eſt l'un des plus beaux & des plus nobles qui nous ſoit venu de l'Antiquité, pour ce qu'il contient. Le Poëme à Ortale eſt proprement une Elegie pour marquer le regret ſenſible qu'il ſouffre acauſe de la mort de ſon frere. La 67. piece eſt une Elegie pour la cheveleure de Berenice, qu'il témoigne luy-meſme avoir traduitte du Poëte Callimaque. La 68. eſt un Dialogue avec une Porte ſur un ſujet galand, bien qu'il ſoit un peu médiſant : & la 69. eſt fort élegante, ſelon le ſentiment de Muret, pour ſervir de conſolation à Manlius ſur la perte qu'il fit de ſa femme Iulie, dont il avoit chanté les Epitalames pour la ſolennité des Nopces ; mais où il ſe rencontre auſſi beaucoup d'obſcuritez & de difficultez dans le Latin, leſquelles on ſe perſuade d'avoir ſuffiſamment éclaircies par le moyen de la Verſion.

On a adjoûté à toutes ces choſes le Poëme des Eloges de Venus pour la veille de ſa feſte, qui eſt une piece qui n'a pas moins de difficultez que de delicateſſe attribuée à Catulle, dont il ſera parlé en ſon lieu.

LES VERS DE CATVLLE

A CORNELIUS NEPOS. 1. *Quoi dono.* 10.

A QUI mon petit Livre, avec sa nouveauté,
Donnerai-je aujourd'huy, s'il a quelque beauté,
Venant d'estre achevé par celuy qui relie,
Où l'éponge a rendu chaque chose polie? La presse.
A vous, Corneille illustre, enrichi du sçavoir,
Qui prescrit à chacun l'amour & le devoir,
Qui donnez d'ordinaire, avec un tour sublime,
A tous mes jeux d'esprit quelque sorte d'estime:
Vous en fistes estat dés cet heureux moment,
Que vous fistes parestre avec tant d'agrément,
Trois Volumes entiers des choses memorables
De tous les temps passez aux Romains Venerables.
O Dieux! qu'en cet Ouvrage on voit de nobles traits!
Et que tout ce travail fait de rares portraits!
Cependant mon Livret que je tire du coffre,
Veut qu'avec mes respects humblement ie vous l'offre.
Que Minerve le tienne en sa protection,
Qui ne doit qu'à l'esprit sa haute extraction.

Cornelius Nepos avoit fait trois Livres d'histoires.

AV PASSEREAV DE LESBIA. 2. *Passer.* 13.

PASSEREAU, les plaisirs de ma belle Maistresse,
Avec elle il se iouë, elle luy fait caresse,
Le reçoit en son sein, & luy donne à pincer,
Ce que le bout du doigt luy presente à succer.
Souvent elle provoque en son humeur gallante
Et sa picoterie, & sa langue cuisante.
Puissai-ie accompagner cet innocent depit
De ce ie ne sçai quoy qu'on sçait mettre en credit;
Ce qui peut appaiser une douleur amere.
Je croi certainement que ie pourrois luy plaire,
Si, joüant comme luy dans ma pressante ardeur,
Je pouvois éprouver iusqu'où va sa froideur.

Ce bien-la me ſeroit tout autant agreable,
Que le fut autresfois cette pomme admirable,
Dans la lice où courut cette jeune Beauté,
Qui flechit ſon eſprit par cette nouveauté.

LA MORT DV PASSEREAV DE LESBIA. 3.

Lugete Veneres, cupidineſque. &c. 18.

PLEUREZ, petits Amours, Graces, verſez des larmes:
Compagnes de Venus, noyez de pleurs vos charmes,
Et que tout ce qu'on void au monde de plus beau,
Deplore ſans ceſſer la mort du Paſſereau.
Vne belle l'aimoit, il eſtoit ſes delices,
Mais ſon deſaſtre fait ſes rigoureux ſupplices.
Rien n'eſtoit à ſes yeux ſi plaiſant, ni ſi doux.
Elle eſtoit ſa Maiſtreſſe, il eſtoit ſon Epoux.
Il la quittoit bien moins, qu'elle ſa tendre mere:
Et flattant ſes appas, il craignoit ſa colere.
Mais, comme il s'égayoit faiſant de petits ſaults,
Il venoit pepier apres divers aſſaults.
Sans ceſſe il s'éloignoit, & retournoit ſans ceſſe,
Et ſçavoit l'art de plaire à ſa jeune Maiſtreſſe.
Maintenant il s'en va par un chemin obſcur,
D'où l'on ne franchit point un paſſage ſi dur.
En dépit ſoit de vous, malheureuſes tenebres,
Qui terniſſez chez vous les Beautez plus celebres.
Ce que j'aimois le mieux eſt donc dans le tombeau!
Vous me l'avez ravi mon petit Paſſereau.
O malheur, ô malheur! cruelle deſtinée,
Pour un tel déplaiſir devoit-elle eſtre née!
Ses yeux dont les brillants ſe doivent admirer,
Sont aujourd'huy ternis à force de pleurer.

LE BRIGANTIN. 4. *Phaſellus ille.* 27.

CE petit Brigantin, mes Compagnons, ſe dit,
Vous le voyez, il eſt cauſeur ſans contredit.
Oüi luy-meſme ſe dit dans ſes diſcours ſinceres
Le vaiſſeau le plus prompt des plus viſtes galeres,

L'Adriatique Mer ne le ſçauroit nier.
Les Cyclades l'ont ſceu d'un Triton Nautonnier.
Et Rhodes ſi fameuſe, & la Thrace endurcie,
Par le froid qui la rend ſi ſouvent obſcurcie,
Le Boſphore & le Golphe, ou le Pont chaque jour
Fait voir une foreſt élevée à l'entour,
Comme au Mont de Cythore, on entend le murmure
De cette foreſt ſombre avec ſa chevelure.
Joint à cela, dit-il, que rien n'eſt plus connu
Dans Amaſtre où l'on tient que je ſuis parvenu,
Au Royaume de Pont, comme chez toy, Cythore,
Où la fertilité de ton buis te decore.
Il dit ſans ſe tromper, que du commencement,
Il eſtoit élevé ſur ton ſommet charmant,
Et que ſes avirons il a trempez dans l'onde,
Au bords de ſon rivage & de la mer profonde.
Qu'enfin il a porté ſon Maiſtre genereux
Entre pluſieurs détroits qui ſont ſi dangereux,
Au gré de tous les Vents qui donnoient dans les toiles,
Et portoient le Vaiſſeau de l'Abyſme aux Eſtoiles:
Mais qu'aux Divinitez des coſtes de la Mer,
On ne fit point de vœux contre le flot amer,
Quand de l'onde marine abordant la Province,
Il vint juſques au Lac, d'où s'écoule le Mince,
Dont rien n'eſt de ſi pur au monde que ſes Eaux,
Où Brigantin je fus parmi d'autres Vaiſſeaux:
Mais ces choſes déja ne ſont que trop antiques,
J'ai vieilli parmi vous, ondes Adriatiques.
Je ſuis connu de vous, & me conſacre encor,
A vous jumeaux divins, ô Pollux, ô Caſtor.

A LESBIA. 5. *Vivamus mea Lesbia.* 13.

VIVONS, vivons, Leſbie, apprenons l'art d'aimer;
On ne ſçauroit aſſez les plaiſirs eſtimer.
Mépriſons le chagrin de ces Vieillards ſeveres,
Qui ne goûtent jamais que des choſes ameres.

Nous voyons chaque jour se coucher le Soleil :
Il se leve au matin avant nostre réveil :
Puis il se plonge encor dans l'onde maritime,
Et, de l'onde il renaist pour sa gloire sublime :
Mais dés que s'éteindra la briéve clarté
Qui s'échape de nous avec la liberté :
Nous dormirons toûjours, & nostre ame fidelle
Sentira du tombeau la nuict perpetuelle.
Accorde-moy, Lesbie, & le charmant baiser
Et, ce qui peut tout seul nos flâmes appaiser.
Donne-moy cent baisers, donne-m'en plus de mille,
Et puis cent mille encor, quand nostre sort se file.
Puis dix mille de suite, & puis encore cent,
Afin que pour combler un plaisir innocent,
Avec plusieurs milliers, nous confondions ensemble
Ce nombre de baisers, a qui rien ne ressemble,
Sans que nous, ni quelqu'autre, ou qu'un esprit jaloux,
Puissent compter nos feux, ny des baisers si doux.

A FLAVIUS. *Flavi delitias tuas.* 17.

FLAVIEN tu dirois volontiers à Catulle
Quelle sont tes amours, & cela sans scrupule,
Bien qu'elles marquent peu la genereuse ardeur
Pour quelque passion sans blesser la pudeur ;
Mais non pas sans seicher par une ardente fiévre,
Ce qui s'exprime assez sur le bord de la lévre,
Dont l'on te voit confus, & n'ozant l'avoüer,
Ton lict sçait mieux que nous comme on te doit loüer.
Bien que muët on l'oit qu'il dit, sans qu'on le nie,
Que tu ne passes point les nuits sans compagnie.
Et, comme il est rempli de l'odeur des bouquets,
Et des parfums exquis que couvrent des sachets,
Il ne laisse pas lieu seulement qu'on en doute,
Non plus que son chevet, au temps qu'on ne voit goute,
Egalement foulé de l'un à l'autre bout,
Le doux bruit de son bois, qui s'ébransle par tout,

Et ne bougeant d'un lieu s'avance & se recule.
Ainsi je ne voy pas pourquoy tu fais scrupule,
De me tout découvrir, tant la chose pour toy,
En est avantageuse, & qu'elle l'est en soy.
Mais d'où vient qu'on diroit que tes costez s'affaissent,
Et que ta belle taille & que ton corps s'abaissent ?
Di-nous-en le secret, si d'un Vers enjoüé,
Au sujet de tes feux tu veux estre loüé.

A LESBIA. 7. *Quæris quot mihi.* 12.

TE dirai-je, Lesbie, en ta gallante humeur,
Combien pour assouvir les desirs de mon cœur,
Je veux de tes baisers, sans qu'on me le conteste,
Pour en avoir assez, & quelques-uns de reste ?
Autant qu'en Allemagne on voit de cheveux blonds,
Autant qu'en la Libye on peut voir de sablons,
Et qu'il s'en voit autour de l'ardente Cirene
Et du Temple d'Ammon, & de l'antique Arene,
Où du vieux Batte on fit jadis le grand tombeau,
Dans un païs aride éloigné de toute eau :
Autant que dans le Ciel se découvrent d'Estoiles,
Qui percent icy bas au travers de cent voiles,
Les amours qui se font durant l'obscure nuit,
Entre mille Mortels sans tumulte & sans bruit.
Autant de doux baisers donnez à ton Catulle,
Luy suffiront, Lesbie, aprés le Crepuscule :
Et mesmes, comme il est touché de ton amour,
Quand l'Aurore se leve un peu devant le jour.
Alors, Lesbie, alors, sans qu'aucun le conteste,
Peut-estre en aurons-nous, comme je croy, de reste.
Sans pourtant que des gens toûjours trop curieux,
En puissent tenir compte aux Esprits envieux,
Ou qu'un sombre murmure, autour d'une effigie,
S'en servist pour charmer nos sens par la magie.

A SOY-MESME. *Miser Catulle.* 19.

CATULLE, cesse enfin de faire des sottises
Et tien perdu le temps de toutes tes surprises.

Tu l'as perdu, Catulle, & miserablement,
Autresfois le Soleil pour toy fut si charmant.
D'une douce splendeur ses clartez ordinaires
Eclairoient tous tes pas comme Dieux Tutelaires,
Quand tu suivois par tout cette jeune Beauté,
Qui pour toy n'eut iamais d'ombre de cruauté.
Ha! nulle dans ma vie à mon cœur fut si chere!
Si j'estois son Berger, elle estoit ma Bergere.
Tout ce que ie voulois de ses rares faveurs,
Je l'obtenois sans peine avecque cent douceurs.
Alors certes alors, s'il faut que l'on me croye,
J'avois les Soleils doux au milieu de ma ioye:
Mais depuis cette belle a bien changé d'humeur.
Ne t'en tourmente pas, méprise sa rigueur.
Elle te fuit. Hé-bien! la voudrois-tu poursuivre?
Dans une telle peine, empesche-toy de vivre.
Supporte ses dédains pour guerir ton tourment,
Un iour elle plaindra son endurcissement.
Adieu, Belle; pour toy i'ay pris un cœur de roche,
De toutes tes faveurs iamais ie ne m'approche;
Je ne forceray plus ta libre volonté,
Et tu prendras trop tard pour moy quelque bonté:
Ton regret sera grand de n'estre plus priée,
Dés là mesmes aussi tu seras decriée.
Quelle sorte de vie en cette occasion,
Te pourra consoler de ton illusion?
Qui t'ira visiter? pour qui seras-tu belle?
Qui desormais sera pour ton amour fidelle?
Qui te voudra servir? A qui donneras-tu,
Des baisers si charmans quand rien n'est debatu?
Di-nous encor de qui tu presseras la bouche,
Et tu mordras la lévre, à quelqu'un qui te touche?
Mais, Catulle, tandis, pour guerir ton tourment,
Conserve dans ton cœur ton endurcissement.

A VERANNIUS. 9. *Veranni omnibus.* 11.

VERANNE le premier de mes meilleurs Amis,
De trois cent mille a qui mon esprit est soûmis,
Es-tu donc de retour d'un voyage prospere,
Pour revoir ta maison, tes freres & ta mere?
O nouvelle agreable! heureusement chez toy,
Je te reverray donc plus glorieux qu'un Roy!
I'entendray le recit que, selon ta coûtume,
Tu feras à propos digne d'un grand volume,
De ce que dans l'Espagne, où plusieurs ont couru,
Des singularitez en maints lieux t'ont paru;
De ce qui s'est passé dans ses amples Provinces,
Dans son gouvernement, dans l'Estat de ses Princes.
Et, m'approchant de toy, rendant graces aux Dieux,
Je baiseray ta main, ton visage & tes yeux.
O, qui des gens contens à plus que moy de joye!
Qu'il s'en vante bien haut, s'il veut que je l'en croye.

DE L'AMIE DE VARUS. 10. *Varus me.* 34.

VARUS, mon cher Varus me rencontrant en Ville,
En la place où j'estois comme un homme inutile,
M'emmena sur le champ, afin qu'en ses amours,
Je visse quel estoit le but de ses discours.
Je les vis, je veux dire, une jeune brunette,
Qui n'estoit pas mal-propre & me parut bien faite,
D'un air libre, agreable: & nous voyant auprés,
Nous eusmes à propos un entretien exprés:
Puis on vint à parler de nostre Bithynie,
(Ie l'avois visitée & sçavois son genie)
On me demanda lors quel païs c'estoit donc,
Et si dans ces lieux-là mon voyage fut long:
Si j'avois profité beaucoup de ce voyage,
Ie répondis qu'oüi, sans nul autre avantage.
Qu'à peine y trouvoit-on dequoy sur ses cheveux,
Mettre un peu de parfum, en leur faisant des nœux,
Pour nous, ni pour un autte, ou pour le Preteur mesme,
Ni pour quelque Officier du royal Diadême,

Sur tout où le Preteur homme foible & brutal,
Avoit l'esprit plus dur que celuy d'un cheval:
Là mesme, la Cohorte estoit plus méprisée,
Que ne seroit un fil rompu de sa fusée.
Toutesfois on peut bien avoir pour de l'argent,
Ce qui nous vient de là sans exploit ni Sergent,
Des hommes pour porter le faix d'une litiere,
Propres pour cela mesme à fournir la carriere.
Pour moy, luy dis-je alors, sans vous rien déguiser,
De ma bonne fortune, afin de la priser,
Ie n'appelleray pas mauvaise la Province,
Qui me vint en partage au gré mesme du Prince,
Pour huit hommes bien faits que i'en pus retirer,
La verité pourtant, sans en rien alterer,
M'oblige à vous le dire avec cét avantage,
Qu'ils ne pouvoient porter aucun poids du ménage,
Non pas mesmes le pied rompu d'un bois de lict.
Ha! Catulle, dit-elle entendant ce conflict,
Comme elle a de l'esprit & qu'elle sçait cent choses,
Prette-moy ces gens-là, tenant les bouches closes,
Ie n'en ai de besoin, de peur de faire pis,
Que pour aller au Temple où l'on voit Serapis.
Non, luy dis-je à l'instant, ha! n'allons pas si viste:
Ie ne vais pas si-tost me retirer au giste:
Quand j'ay dit que j'avois cent choses en un tas,
I'avois l'esprit ailleurs, & je n'y pensois pas.
C'est Cinna, qui les huit a pris pour son usage:
Il en sçait la methode & l'unique avantage:
Mais qu'ils soient de ses gens, ou bien qu'ils soient à moy,
Il m'importe fort peu; mais je sçay leur employ.
I'en use librement, comme si pour moy-mesme
Ils estoient achetez avec dépence extrême.
O Dieux! quelle personne! avec de tels propos,
Ne laissant prés de vous un seul homme en repos!

A FURIUS ET A AURELIUS. II. *Furi*. 24.

AURELE & Furius Compagnons de Catulle,
Soit qu'il laisse de loin les Colomnes d'Hercule,
Pour aller du costé de l'Inde, où l'Ocean
Fait raisonner sa vague au lever de Titan :
Soit qu'il tire à l'écart vers les Rois d'Hircanie,
Ou d'un autre costé dans la Caramanie,
Ou qu'il aille chez vous, Arabes amollis,
Qui dans tous les plaisirs estes ensevelis,
Soit qu'il voye le Sasse, ou qu'il pousse sa course
Dans le païs du Parthe, ou du costé de l'Ourse,
Ou qu'il tire au païs où déborde le Nil,
Fleuve qui de ses eaux entrecoupe le fil,
Pour tomber dans la Mer par sept bouches ouvertes,
Qui fournit des tresors aux plaines découvertes,
Soit qu'il tente au delà des Alpes le hazar,
Pour y voir les exploits du valeureux Cezar,
Les Monuments sacrez de sa haute victoire,
Le Rhein Gaulois qui porte en maints lieux sa memoire,
Et le rude Breton qui dans ses tours divers,
Se peut dire dernier Peuple de l'Univers;
Ils sont avecque moy preparez au Voyage,
Parmi de grands travaux au peril du naufrage,
Mais, de ces choses-là, ne dites pourtant rien
A la jeune Beauté qui seule fait mon bien;
N'en parlez pas trop haut de peur de luy déplaire,
Elle pourroit toûjours sans moy se satisfaire.
Qu'elle vive contente avecque cent Gallans,
Sans qu'elle en aime un seul, bien que tous opulents :
Mais de tous énervant la force & le courage,
Tant elle a de soupplesse a faire un bon ouvrage :
Que mon amour pour elle autresfois si charmant,
Demeure méprisé violant son serment.
Il est enfin tombé cét amour par sa faute,
Comme la fleur qui leve au bord d'un pré trop haute,

A qui le choc tranchant de quelque Laboureur
A causé son desastre en trompant son mal-heur.

CONTRE ASINIUS. 12. *Marrucine Asini.* 17.

MARRUCINE Asinie, en bonne verité,
Tu ne sçais pas user avec dexterité
De ta droite aussi-bien que tu fais de ta gauche,
Quand il s'agit de boire ou faire une débauche,
Emporter la serviette au milieu du repas,
De ceux qui sont assis & qui n'y pensent pas:
Tiens-tu cela plaisant? si tu te l'imagines,
Tu te trompes pensant te sauver par tes mines,
Rien n'est de si vilain, ni rien n'est de plus mal,
Et de n'en croire rien, c'est estre un animal.
Ecoute sur cela Pollion, c'est ton frere,
Qui, pour te garentir d'une si sale ulcere,
Voudroit avoir payé tes larcins d'un talent,
Comme on peut dire aussi qu'il est assez gallant,
Pere des jeux polis & fines railleries,
Et de tout ce qu'on peut nommer gallanteries.
Sçache donc que tu dois en cette occasion
Te promettre de nous quelque derision:
Ou tu dois sans delay renvoyer la serviette,
Que tu volas hier découvrant une assiette.
La chose en elle-mesme est de peu de valeur:
Mais c'est un souvenir de mon ami meilleur.
Je l'estime & l'honore autant qu'il est sincere,
Ne doutant point aussi qu'il ne me considere.
Fabulle & Veranie usant de leur pouvoirs
M'envoyerent d'Espagne un present de mouchoirs,
Ils estoient d'une toile aussi fine que blanche,
A Setabe choisie & filée à *la Manche*,
Je me sens obligé d'en faire autant d'estat,
Que s'ils m'estoient venus de quelque Potentat,
Ne pouvant m'empescher d'aimer Veraniole,
D'aimer Fabule aussi, qui m'ouvre la parole.

A FABVLLE. 13. *Cænabis benè.* 14.

DANS mon logis bientost je ne m'oublirai-pas
De te faire, Fabulle, un excellent repas,
Si les Dieux obligeants se trouvent favorables,
Apportant avec toy des mets considerables,
Pour faire un grand souppé, non sans l'accompagner
De quelque fille aimable, à ne rien dédaigner.
De bon vin, de bons mots & de gallanterie
Où l'on ne mesle rien à la fripponnerie,
Apporte, cher ami, pour ne t'y pas tromper
Et nous te donnerons assez dequoy soupper
Catulle n'est pas riche, & sa bourse n'est pleine
Que d'inutiles fils que fournit son domaine,
De toiles d'araignée, où ne se mesle point
L'argent des revenus qui forment l'embonpoint.
Sans cela toutesfois si tu crains les ordures,
Tu n'y rencontreras que des amitiez pures :
De la reconnoissance au moins de nostre part,
Et tout ce qu'on attend de plus poli de l'art,
Ou quoy qu'on puisse dire avoir de la tendresse
Autant que de douceur ou de delicatesse.
Car, & n'en doutes pas, un parfum excellent
Me comble de ses biens, dont je suis opulent.
Je le dois aux faveurs des Amours & des Graces
Et les garde pour toy, qui tous autres effaces.
Que si tu sens jamais ces parfums fortunez,
Fabulle, tu voudrois estre fait tout de nez.

A LICINIVS CALVUS. 14. *Ni te plus oculis.* 23.

SI je ne t'aimois plus que mes yeux, cher Calvus,
Je te voudrois haïr comme Vatinius,
Cet ennemi public haï de haine telle,
Que tu n'ignores pas qu'elle ne soit mortelle,
Pour le maudit present que tu m'as envoyé,
Dont mon esprit s'étonne & demeure effrayé.
Car me suis-je mépris te chantant des sornettes,
Pour m'avoir accablé de si méchants Poëtes ?

Que celuy justifie & le Ciel & les Dieux
M'ayant fait un present de Vers si furieux.
Que s'il doit arriver, comme je m'imagine,
Que Sillon qui sçait tout dans sa Critique fine,
Te donne quelque chose avec la nouveauté,
Joignant à son merite une grande beauté,
Je ne m'en plaindrai pas, & je puis dire mesme,
Que je me tiens ravi, comme d'un bien extréme,
De ce que tes travaux ont esté bien receus,
Comme ils avoient esté toûjours si bien conceus.
Grands Dieux! l'horrible Ouvrage, & le malheureux Livre
Sans caractere aucun de vertus qu'on deust suivre,
Dont quelqu'un de ta part à ton Catulle absent,
Le croyant obliger vint en faire present,
Pour te faire perir aux festes Saturnales!
J'en ferai sacrifice aux saintes Bacchanales.
Non non, railleur, cela n'en ira pas ainsi.
Si-tost qu'il sera jour, je sortirai d'icy,
Pour voir chaque boutique au quartier des Libraires,
D'où je ramasserai par des soins volontaires
Les Ceses, les Aquins, les Suffenes haïs
Et tout ce qu'on appelle ordure en ce païs,
Miserables Ecrits de Vers, de Poësie,
Afin de me vanger, selon ma fantaisie:
Retirez-vous d'icy, méchants faiseurs de Vers
L'horreur de nostre Siecle & de tout l'Univers,
Qui pour nous abuzer eustes la hardiesse
De nous montrer vos pieds enervez de mollesse.

A AURELE. 15. *Commendo tibi me.* 19.

C'EST à toy, mon Aurele, à qui je recommande
Moy-mesme & mes Amours à peine d'une amende.
Mais conserve toûjours cette rare pudeur,
Que je veux esperer de ta juste candeur,
Si bien que s'il te vient jamais en faitaisie,
Que pour un beau sujet ton ame soit saisie

De corrompre ses mœurs & son honnesteté,
De ce qui me possede, épargne la beauté.
Je ne te le dis pas à l'égard du Vulgaire,
Qui se trouve occupé toûjours à quelque affaire,
Dans la place publique, où, sous le grand Palais,
Chacun parle de guerre ou s'entretient de paix.
Mais de ton costé seul, je crains tout je l'avouë,
Si dangereux aux gens, que tu baises la jouë
A ceux qui sont bien faits ou qui ne le sont pas,
Trouvant en chacun d'eux quelque sorte d'appas.
A d'autres toutesfois, & sans ceremonie,
Uses-en librement, cherche leur compagnie;
Mais excepte le mien, & sois persuadé
Que je me fie à toy : mais s'il est possedé,
Ou si ta passion ou fureur insensée,
Te poussoit à tenter, occupant ta pensée,
Ce qui m'est de plus cher, afin de me vanger,
Je te souhaite à dos un mulet étranger.

A AVRELIVS ET A FVRIVS. *16. P. ego vos.* 17.

Pour vous, constant Aurele, effeminé Furie,
Vous sentirez les coups de mon artillerie:
Qui pensez que je sois dissolu, sans pudeur,
Acause que mes Vers combatant la froideur
Semblent avoir aussi quelque peu de mollesse:
Car, je ne dirai pas de la delicatesse.
Il faut que le Poëte ait de la chasteté.
Rien n'est de plus seant, c'est une verité.
Mais que ses Vers le soient aussi de mesme sorte,
Il n'en est pas besoin, quand rien ne le transporte.
Et certainement ceux qui sont pleins d'agrément,
Avecque la douceur & son tendre charmant,
Si de plus ils ne sont encore gueres chastes,
On peut dire souvent que leurs plaisirs sont vastes,
Pour allumer la joye & l'amour dans le cœur,
Non pas aux jeunes gens, mais au barbon moqueur,

Qui ne peut presque plus se lever de sa place,
Si vous croyez qu'ainsi vostre gloire j'efface
Vous qui tant de miliers de baisers avez lus;
Si par hasar encor mes plaisirs dissolus
Vous avez lus de mesme, & n'avez point de peine
De les mettre en usage à la mode Romaine,
Ie sçai l'art de vous faire, & quand il vous plaira,
Tout ce que vous sçavez, & que chacun sçaura.

A VNE COLONIE. 17. *Colonia. 26.*

MA chere Colonie à qui pour ton grand pont
On doit beaucoup d'honneur sur ton lac si profont,
Tu le tiens en estat de réjoüir le monde,
Qui sans sçavoir dancer, saulte en traversant l'onde.
Mais je voi ce que c'est, tu crains que tes piliers.
Qui manquent de liens quittent les hauts sommiers:
Ou qu'apres avoir fait bien dancer des personnes,
Il ne s'affaisse enfin sur ses propres colonnes,
Et ne tombe au marais par sa fragilité.
De sorte qu'à parler pour ton utilité,
Tu dois, à mon avis, te rendre un peu soigneuse
D'avoir un meilleur pont, qui sur la vague creuse,
Porte les Saliens, que l'on doit consacrer
Les jours que pour leur feste ils doivent celebrer.
Accorde-moy tandis, illustre Colonie,
Pour un doux passetemps & sans ceremonie,
Qu'un homme impertinent qui m'a fait un affront,
Et que je dois haïr tombe en bas de ton pont,
Abismé dans la bouë, où comme dans un gouffre,
Il sente sur son dos le bitume & le soulfre.
Cet homme est ridicule, &, pour n'en point mentir,
Vn enfant vaudroit mieux, qui ne peut se vestir,
Dormant entre les bras tremblotans de son pere.
Il a pris une fille arrachée à sa mere,
En la fleur de son âge, & plus tendre cent fois
Qu'un tendre chevreau cheri d'un Villageois,

Pour

Pour elle il eust falu se donner plus de peine
A sa soigneuse garde épargnant son domaine.
Qu'il n'en faut à garder quelque raisin bien meur,
Sur un sep qui n'est pas fermé d'un clos bien seur.
Il souffre cependant qu'elle se divertisse,
Sans congé de personne avec peu d'artifice.
Et cet homme stupide à faire au Ciel des vœux,
Ne l'estime pas plus que l'un de ses cheveux.
Il n'entreprend pas mesme à s'essayer chez elle,
Ayant moins de vigueur qu'une jeune pucelle.
Il est comme une souche au milieu d'un fossé
Où la congnée autour à son tranchant passé.
Il ne s'apperçoit point qu'aupres de luy couchée
Elle soit satisfaite, ou qu'elle soit touchée.
Ainsi ce gros lourdaut qui ne voit rien du tout,
Et qui n'a pas l'esprit de se tenir debout,
Qui ne sçait ce qu'il est, ni s'il est dans le monde
En terre, en l'air, au ciel, dans les feux ou dans l'onde,
C'est cet homme-la mesme abbatu de ton pont,
Que je souhaiterois dans l'abysme profont,
Afin que son esprit assoupi dans la fange
Y demeurast toûjours puisque nul ne me vange,
Comme la Mule laisse en un bourbier épais
Sa semele de fer, quand le reste est en paix.

AV DIEV DES JARDINS. 18. *Hunc lucum tibi.* 4.

O Dieu de nos Jardins, ce bois je te dedie,
Je le consacre en ton honneur,
Soit qu'à Lampsaque on die,
Le Dieu de nos Iardins en fut l'entrepreneur:
Soit que tu t'aimes-mieux en quelqu'autre bocage,
Le bord de l'Hellespont,
En huistres si fecond,
Bien plus que nul autre rivage,
Dans ses Villes connoist tes liberalitez
Il te craint & revere,

Et ſans ceſſe, il prefere
Ta taille magnifique à cent Divinitez.

LE DIEV DES IARDINS. 19. *Hunc ego juvenes.* 21.

Jeunes gens, vous ſçaurez, que n'eſtant que de cheſne
D'une ruſtique main façonné juſqu'à l'aiſne,
Avec une coignée en la forme d'un Dieu,
Par mes ſoins toutesfois, j'ai conſervé ce lieu,
Et ces tortis de jonc, & ce tendre feüillage
Avecque ces faiſceaux qui couvrent mon village,
Afin que l'abondance allaſt de mieux en mieux,
Pour enrichir de biens tous ces ruſtiques lieux,
Dont les Maiſtres toûjours comme un Dieu me reverent,
Sentant bien que ſur moy toutes choſes proſperent,
Le pere de famille & le fils du logis,
M'honorent de preſents pour mes dons élargis.
L'un par reſpect arrache autour de moy l'herbage
Qui pourroit empeſcher que l'on viſt mon viſage,
Offuſcant ma Chapelle, & l'autre m'apportant
D'une main liberale & d'un eſprit content
Quelques petits preſents, qui me ſont agreables,
D'abord dans le Printemps, quand les champs admirables
Sont par tout enrichis de diverſes couleurs,
Et d'artiſtes contours dont ſe parent les fleurs,
On n'y neglige point l'eſpi couvert de pointes,
Si-toſt qu'en ſa ſaiſon les perles y ſont jointes, (Les goutes de roſée.)
La tendre violette & le pavot doré,
La Gougourde boſſuë & le Lote ignoré,
Les Pommes que l'on ſçait d'une odeur agreable,
Le Citron & la Figue à la douceur aimable,
Et le Raiſin meuri, qui, ſous ſes pampres verds,
Contient un ſuc ſi doux pour des Vins ſi divers.
Le jeune Bouc barbu (qu'en ozeroit-on dire?)
Teint l'Autel de ſon ſang, dont j'ai ſujet de rire,
Auſſi-bien que la Chevre avec ſes pieds cornus,
Pour les maux qu'ils ont faits au monde ſi connus.

Nous devons nos honneurs toûiours rendre à Priape,
Qui conserve à son Maistre & la gerbe & la grape.
Enfants, abstenez-vous de voler le raisin,
La rapine est à craindre: & le riche Voisin,
Et le Dieu negligé vous feroient des affaires,
Qui sçavent se vanger de tous leurs adversaires.
Retirez-vous d'icy tout le long de ces bords,
Ce sentier asseuré, vous conduira dehors.

LE MESME. 20. *Ego hæc.* 21.

PASSANT, en cheminant à ta gauche regarde,
Tout ce champ que tu vois, se maintient sous ma garde.
Et ce petit Village & ce petit Iardin,
Sont d'un bon Païsan, non pas d'un Citadin.
Quelque aride peuplier que je sois à ta vuë
D'une main inconnuë
De cette faulx armé,
Je chasse rudement au fort de ma colere,
Sans que j'en delibere,
Les Larrons insolents,
Si pour s'en garentir leurs pas se trouvent lents.
On me donne au Printemps une couronne peinte
De diverses couleurs où la tige est étrainte.
Quand le Soleil est haut,
On m'en façonne aussi quelqu'une comme il faut,
Où sont des épics meurs, comme au fort de l'Autonne,
Quand la vinée est bonne,
De grapes de raisin avec leur pampre verd,
Tout mon front est couvert.
Puis pendant la rigueur du froid la verte Olive
Se remet en sa place avec sa douceur vive.
Là, delicatement
Vne Chévre nourrie en ce canton charmant
Porte pleine de laict sa mammelle à la Ville:
L'Agneau gras qu'on nourrit dans l'herbage fertile,

Renvoye à la maison,
Dans la bonne saison,
De son Maistre la main de quelque argent chargée:
Et la tendre Genice est bien-tost égorgée,
Au pied des saints Autels,
Pour répandre son sang au gré des Immortels.
Tandis que d'assez loin la triste Mere pousse,
De longs mugissements, bondissant sur la mousse.
Revere ainsi toûjours cette Divinité,
Passant, qui la connois pour sa dexterité:
Retires-en ta main, si tu n'es mal-habile,
Ce qui ne sera pas en son temps inutile,
Ou, pour t'épouvanter,
Et pour te tourmenter,
Vne torture étrange & sans art preparée,
Te fera bien sentir sa colere sacrée.
Je le voudrois, dis-tu, ce seroit de grand cœur.
Je crains peu sa rigueur.
A ce moment l'on void venir l'homme rustique,
Qui d'une longue pique,
Et de sa forte main
Montre bien, quand il veut, comme il est inhumain.

A AURELE. 21. *Aureli pater esuritionum.*

AURELE, Prince & Roy des tables affamées,
Non des nostres icy; mais des plus renommées
Qui dans les Siecles vieux ont esté, qui seront,
Ou qui sont en effet, comme tous le diront.
Tu pretens abuzer & d'une étrange sorte
De mes tendres Amours? Quelle ardeur te transporte?
Sans rien dissimuler, te joüant avec eux
Qui les tiens pres de toy, pour éteindre tes feux.
Mais c'est en vain, Aurele, essayant à me faire
Une supercherie, écoute le contraire.
Je te veux prevenir, si jamais ton dessein
Tasche de les corrompre, ayant l'esprit mal sain....

Que si c'estoit au moins aprés la panse pleine,
Ie n en parlerois pas, la chose seroit vaine :
Mais je me plains, Aurele, & c'est la verité,
Que tu les fais perir par ta necessité.
Ha ! cesse d'en user d'une telle maniere,
Eteignant par tes feux une telle lumiere.

A VARRUS. 22. *Suffenus iste Varre.* 21.

Ce Suffene, Varrus, que tu connois si bien
Est un fort gallant homme, & grand diseur de rien.
C'est un homme civil autant qu'on le peut estre,
Il compose des Vers, & les compose en Maistre :
Il en a fait grand nombre, & tels en verité,
Qu'ils excedent dix mille en leur varieté,
Non pas sur des broüillars, comme on voit d'ordinaire
En tous ceux qui les font, quand ils s'y veulent plaire :
Mais sur de grand papier, qu'on peut dire Royal,
Pour quelque livre neuf qu'orne un fleuron final,
Où diverses couleurs aux cordons sont meslées,
Ayant avec le plomb les membranes reglées.
Que si tu viens à lire un Autheur si poli
Sans qu'il y soit resté sur tout le moindre pli,
Il te paroist pourtant tel que le Tette-chévre,
Qu'on ne sçauroit toucher qu'il ne blesse la lévre,
Ou bien tel sans mentir que l'est un fossoyeur,
Tant de son Livre il a luy-mesme de frayeur :
Et tant de changement en maints lieux il apporte,
Cela peut-il venir de quelque ame bien forte ?
Cét homme qui naguere estoit mauvais bouffon,
Ou si quelque bassesse au dessous d'un chiffon,
Se peut à son sujet regarder en sa place,
Je tiens qu'il est certain qu'il a bien moins de grace,
Qu'un grossier Païsan qui voudroit se mesler
De composer des Vers sans sçavoir bien parler.
Cependant son bon-heur, chose au monde n'égale,
Que quand de son esprit quelques Vers il étale.

Tant il eſt de ſoy-meſme un grand admirateur,
Et tant il eſt aiſé de s'aimer comme Autheur.
Cette humeur de Suffene en la pluſpart des hommes,
Se découvre par tout dans le ſiecle où nous ſommes;
Chacun a ſes defauts: mais nous ne voyons pas
Ce qui pend dans le ſac ſur noſtre dos en bas.

A FURIUS. 23. *Furi quoi neque ſervus.* 27.

Ce Furius qui n'a ni valet, ni punaiſes,
Ni d'araignes chez ſoy, ni bois de lict, ni chaiſes,
Ni coffre, ni buffet, ni feu dans ſon foyer;
On peut dire pourtant qu'il a pour ſon loyer,
Un incommode Pere, avec ſa belle Mere,
Dont les dents pourroient mordre une pierre moliere.
Qu'avec de tels Parens il te feroit beau voir,
Ce pere en ſon chagrin, ſa femme en ſon devoir,
Seiche comme du bois, ou comme une haridelle,
Sans lodier, ſans tiſon, ſans trepié, ſans chandelle!
Dont l'on ne ſe doit pas certes émerveiller,
Puiſque vous eſtes tous enſemble à ſommeiller.
Avec de la ſanté vous digerez ſans doute,
Ce que dans voſtre ſein vous jettez goute à goute.
Au reſte, on nous l'a dit, que vous ne craignez rien,
Non pas meſmes les feux devorant tout ſoûtien,
Ni les accablemens, ni l'horrible incendie,
Ni la chute des murs, ni quelque maladie,
Ni dans l'impieté le funeſte poiſon,
Ni tous les accidens qui troublent la raiſon.
Vos corps ſecs par la faim ſont comme de la corne
Par le chaud & le froid, ils ſont de couleur morne.
Comment aprés cela, ne ſerois-tu content?
Ton ſort paſſe en bon-heur celuy d'un penitent.
Tu n'as point de ſueur, tu n'as point de ſalive,
Point de flegme incommode a groſſir ta gencive.
Ajoûtez à cela certaine propreté,
Et plus conſiderable avec la netteté.

Une saliere aussi se peut dire moins pure,
Que ne l'est ton bassin destiné pour l'ordure,
Parce que dans un an tu ne vas pas dix fois
Dans un lieu détourné sur la chaize de bois,
Et tes matieres sont plus dures que des feuves,
Ou les petits cailloux de la greve des fleuves.
De sorte que je croy que si tu les touchois,
Tu n'en soüillerois point ni ta main ni tes doigts.
Tant de commoditez, Furius, sont exquises :
Elles meritent bien que souvent tu les prises.
Cesse de souhaiter desormais par tes vœux
Des tresors superflus, tu n'es que trop heureux.

A JUVENTIVS. 24. *O qui flosculus es.* 10.

O fleur des jeunes gens, gloire de ta famille,
Non seulement de ceux en qui la beauté brille,
Qui regnerent jamais, qui sont, ou qui seront,
Et qui de leurs attraits rien ne démentiront :
Je souhaite plûtost que ta richesse s'offre,
A celuy qui, dit-on, n'a ni valet, ni coffre,
Que de le supporter pour estre aimé de luy.
Comment ? qui de mieux fait, trouve-t-on aujourd'huy?
Oüy-da : mais celuy-là n'a ni valet ni coffre :
Meriteroit-il donc de recevoir ton offre ?
Qu'il soit admis, Iuvence, autant qu'il te plaira ;
Mais il n'a ni valet, ni coffre pour cela.

A THALVS. 25. *Cinæde Thale.* 13.

Effeminé Thalus, en qui plus de mollesse
Se trouve en ta paresse,
Qu'il ne s'en trouve au poil du plus petit Lapin,
Dans la moëlle d'un Oye, ou dans son duvet fin,
Ou dans le petit bout qui pend à chaque oreille,
Ou dans ce qu'on admire, avec tant de merveille,
D'une toile d'Araigne en quelque coin moisi,
Ou dans ce que le froid d'un Vieillard a saisi :

Mais toy-mesme, Thalus, bien plus qu'une tempeste,
Impetueux hardi, tel qu'en une conqueste,
Tu serois transporté dés qu'au premier moment,
Vne femme inspirée observe sagement,
Et le chant des Oiseaux, & leur aisle étenduë,
Que de leur vol sublime ils percent dans la nuë.
Ie veux que sans delay tu rendes le manteau
Que tu me pris hier en sortant du batteau,
Avecque le mouchoir de toile de Setabe,
Où l'artifice a peint le Sarmate & l'Arabe,
Dont tu te veux parer assez injustement,
Comme si tu l'avois acheté cherement,
Ou qu'il te fust venu par un droit legitime,
D'une succession qui se maintinst sans crime:
Mais il le faut bien-tost de ton ongle arracher,
Persuadé qu'ailleurs tu le pourrois cacher.
Ton plus court sera donc que tu me le renvoye,
De peur que le baston sur tes costes ondoye,
Ou que le foüet s'exprime avecque des scions,
Qui demeurent long-temps par les contusions:
Et de peur qu'à la fin dans une telle affaire,
Il ne soit traversé d'un accident contraire,
Comme un Vaisseau surpris dans une vaste mer,
Quand il ne voit que l'onde, il craint de s'abysmer.

A FVRIVS. 26. *Furi villula nostra* 5.

NOSTRE Maison petite aux Champs est exposée,
Non du costé qu'elle ouvre une grande croisée:
Mais de tous les costez à tous Vents orageux,
A Borée, à l'Autan toûjours impetueux,
Au rude Apeliote, au roide Favonie,
Capable de troubler luy seul nostre Ausonie;
Sans parler de deux cens & dix mille à la fois,
Quelle fureur, Furie, aux pauvres Villageois!

A SON GARCON. 27. *Minister vetuli.* 7.

MON Garçon qui me sers du vin vieux de Salerne,
Presente-moy toûjours, tels qu'en quelque Taverne,

De

De ces verres à boire, où, ſans trop hazarder,
On ne pretend jamais d'un ſeul coup les vuider,
Comme pourtant la loy de Poſthume l'ordonne,
Ce que fit une femme & rare biberonne,
Et qui ſouvent eſtoit plus qu'un grain de raiſin,
Pour boire abondamment pleine d'eſprit de vin.
Mais vous charmans ruiſſeaux des plus pures fontaines
Retirez-vous d'icy pour des ames hautaines,
Cette pure liqueur laiſſe aux gens ſerieux,
Dans leur ſevere humeur le mélange odieux.

A VERANNIE ET FABULE. 28. *Piſonis comites.* 8.

COMPAGNONS de Piſon, gendarmes mal payez,
Et qui dans la fatigue eſtes peu relayez,
Excellent Verannie, & toy mon cher Fabulle,
Que faites-vous tous deux ? Car je ſuis peu credule
A tout ce que j'entens conter en ce détroit ?
N'avez-vous pas ſouffert encore aſſez de froit,
Et de beſoins preſſans en ce ſiecle où nous ſommes,
Avec cet orgueilleux le plus chetif des hommes ?
Vous a-t-il fait compter quelque profit maudit,
Pour nous payer au moins du fonds de ſon credit,
Comme, pour s'acquitter vers moy de mes ſervices
Rendus à mon Preteur, il fit de bons offices,
Raportant en cela ce qu'à mon petit gain
Je donnai dans l'eſpoir de charmer mon dédain.

A MEMMIVS. 29. *O Memmi bene me.* 7.

COMME j'eſtois couché ſur le dos, grand Memmie,
Avec ta longue poutre, & beaucoup d'infamie,
Tu m'as bien mal-traité : mais à ce que je voy
Tu receus meſme ſort ſubiſſant meſme loy :
Tu fus auſſi percé d'une pareille lance,
Qui te jetta par terre & te fit violence.
Cherche ainſi des Amis de grande qualité,
Et n'épargne jamais ton impudicité:
Mais, vous fils de Romule & de Reme ſon frere,
Puiſſiez-vous comme nous ſouffrir telle colere.

Qu'un tel opprobre tombe avec un tel courroux,
Par le vouloir des Dieux ſur l'Epouſe & l'Epoux.

CONTRE CESAR. 30. *Quis hoc poteſt videre.* 25.

QUI peut ſouffrir cela, qui le peut endurer ?
Si ce n'eſt un Gourmand qui nous fait murmurer ?
Si ce n'eſt un joüeur ? Vn ſuperbe impudique,
Que Mamure poſſede avec ſon air Comique ?
Parmi tant de parfums, ce qu'avoit poſſedé
La Gaule cheveluë, avec ſon poil ondé,
Le Breton qui jadis fut un Peuple ſi rude ?
Effeminé Romule, avec ce beau prelude,
Tu verras tout cela ! qui pourroit l'endurer,
Si ce n'eſt un gourmand qui nous fait murmurer ?
Si ce n'eſt un joüeur ? Vn ſuperbe impudique ?
Cét homme eſt orgueilleux : & ſon humeur lubrique,
Avec beaucoup de biens, le portera toûjours
A perdre le reſpect au gré de ſes Amours.
Son inſolence ira dans toutes les familles,
Et corrompra par tout les plus honneſtes filles,
Laſcif comme un Pigeon, ou comme un Adonis,
Qui cherche en ſon ardeur des plaiſirs infinis.
Romule effeminé tu verras donc ces choſes,
Et tu n'en diras rien comme tu les propoſes.
N'es-tu pas impudique, & gourmand, & joüeur;
Et pour ce ſujet là, l'on te voit Empereur ?
Je dis ſeul Empereur dans cette Iſle derniere,
Où le Soleil éteint ſon ardente lumiere,
Et, pour ſe contenter dans ſon débordement,
L'a-t-il fallu payer ſur nous ſi cherement !
Ces liberalitez ne ſont-elles pas cauſes
Que l'on s'eſt tout permis devorant toutes choſes !
Premierement les biens des lieux anticipez,
Et des Peres venus ont eſté diſſipez.
En ſecond lieu l'on ſçait les dépoüilles Pontiques,
Puis celles de l'Ibere avoir eſté tragiques.

La Gaule & la Bretagne aprés cela craindront
Le pouvoir des Romains, nous faisant quelque affront?
Pourquoy donc cette humeur? (déplorable misere!)
Le voudriez-vous souffrir? Craignez-vous sa colere?
Luy sera-t-il permis de consumer ainsi
Des tresors infinis l'objet de son souci?
Dirons-nous en cherchant de ces fureurs les causes?
Gendre & Beau-pere enfin, vous troublez toutes choses.

A ALPHENE. 31. *Alphene immemor.* 12.

ALPHENE, sans memoire, & manquant de parole
A tes meilleurs amis de qui l'espoir s'envole.
Que rien à ce sujet n'ait donc pitié de toy,
Puis qu'estant sans douceur tu te moques de moy.
Tu joints la trahison avec la perfidie,
Et tu n'as point de peur que le Peuple le die.
Les traitres cependant sont toûjours odieux,
Et la noirceur d'une ame est déplaisante aux Dieux.
Mais tu fais peu d'estat de tant de belles choses,
Elles ne valent pas ce que tu te proposes,
Pour nous abandonner dans un lieu debatu,
D'où pour nous retirer il faut peu de vertu.
Ha! di-moy desormais ce que feront les hommes,
Puis que dans le bourbier me voyant tu m'assommes?
A qui se fiera-t-on, si tu couppes le pié
Dans tous nos interests par ton peu d'amitié?
Aprés qu'imprudemment je t'engagai la mienne,
Sans prevoir l'inconstance où s'est porté la tienne.
Mais à cette heure, ingrat, tu t'éloignes de moy,
Et tu souffres qu'au vents je dissippe ta foy,
Et où les actions se perdent tout de mesme,
Dans le vuide des airs où l'erreur est extrême.
Si tu l'as oublié, les Dieux s'en souviendront,
Et tu seras fasché des maux qui t'en viendront.

A SIRMION PENINSULE. 32. *Peninsularum Sirmio.* 14.

SIRMION, petit œil des Isles Peninsules,
Et des lieux prés & loin *des Colonnes d'Hercules*,

Que renferment des lacs, & l'une & l'autre mer,
Dont le cours eſt fluide & le flot eſt amer.
Que je reviens à toy de grand cœur! que je t'aime!
Et que je ſuis joyeux de te revoir de meſme!
A peine puis-je croire à mes yeux d'eſtre loin
De Thynie où j'eſtois preſſé d'un grand beſoin,
Et des amples deſerts des Champs de Bithynie,
D'où je ſorts pour te voir d'une joye infinie.
Que ſe peut-on promettre au monde de meilleur,
Que de ſe voir ſorti de beaucoup de douleur,
Aprés avoir eſté preſſé de longues peines
Dans un autre païs éloigné de nos plaines!
Noſtre eſprit déchargé d'un ſi peſant fardeau,
Aprés avoir paſſé dans maint & maint Vaiſſeau,
Nous voilà de retour enfin dans la Patrie,
Où nous ne voyons plus ce qui nous contrarie.
Dans un lict ſouhaité nous prenons le repos,
Et nous ſommes ravis de voir tout à propos.
Car c'eſt tout ce qui reſte à nos peines ſouffertes.
Sirmion, que je haï tant de plaines deſertes!
Que ie revoy content ton ſejour deſiré,
Sois de meſme contente à me voir retiré.
O que ces lieux ſont beaux! Que cette terre eſt belle,
Et ſur tout au Printemps quand tout ſe renouvelle!
Réjoüiſſez-vous-en, claires Eaux de ce Lac
Surnommé Lydien; mais qu'on nomme Benac!
Et tout ce que chez toy, tu contiens d'agreable
Te rend à nos ſouhaits inceſſamment aimable!
Mais ne refuſe pas de me le témoigner,
Par ton affection, ſi tu me veux gagner.

A IPSITHILE. 33. *Amabo mea dulcis.* II.

Ma charmante Ipſithile, & mes cheres delices,
De grace, ſans façon, ni ſans trop d'artifices,
Accorde-moy que j'aille aprés diſné chez toy,
J'y trouveray ma joye, & ie ſuivray ta loy.

Si tu l'ordonnes donc que ta porte fermée
S'ouvre aussi-tost pour nous de qui l'ame est charmée
Songeant qu'aupres de toy j'auray plus de plaisir
Que je n'en puis promettre à mon ardent desir.
De sortir donc dehors ne conçoi point d'envie;
Mais demeure au logis, dont l'Amour te convie.
On compte neuf façons qu'on se peut carresser;
N'en excepte pas une, on s'y pourra dresser.
Ordonne, j'obeïs, & ne sçachant que faire;
Dans mon oisiveté, desirant de te plaire,
Ayant disné, je suis renversé sur le dos,
Poussant sous mon manteau ma robe à tout propos.

CONTRE LES VIBENNIENS. 34.

O furum optime. 8.

O des Voleurs baigneux les meilleurs de la terre
Qui volez sans scrupule, & mettez tout en guerre,
Vibennes pere & fils, Brigans effeminez;
Combien la main du pere à de gens rapinez!
Quant au fils sans pudeur, son front n'a plus de honte,
Et n'est point de sujet aimable qu'il n'affronte.
Pourquoy d'icy tous deux ne vous bannit-on point.
Dans quelque lieu sauvage où la frayeur se joint?
Le pere est un voleur connu de tout le monde,
Et la honte du fils nulle autre ne seconde.

HYMNE A DIANE POVR LA CELEBRAtion d'un nouveau Siecle. 35. *Dianæ sumus in fide.* 24.

Nous autres Filles & Garçons
En qui ne sont point les soupçons
D'une pureté corrompuë
Nous sommes, grace aux Cieux, sous la protection
De Diane au Siecle connuë
Qui nous paroissant toute nuë
Exige de nous tous une sainte action.

De Diane en mille façons
Nous chantons Filles & Garçons
Ses faveurs, sa gloire immortelle:
Et comme nous avons gardé la pureté
Nostre innocence naturelle,
Bannissant debat & querelle,
Nous rendons nos devoirs à sa Divinité.

De Latone & de Jupiter,
Fille qu'on ne peut imiter,
En ta pureté sans pareille
Tu nâquis pres de Dele en un bois d'Oliviers
Où parut ta bouche vermeille
Comme une rare merveille
Et tu connus des Monts les penibles sentiers.

Afin que parmi les forets
Où l'on porte toiles & rets
Tu fusses Princesse honorée,
Le long des buissons verds & des forts reculez.
La chasse est toûjours preparée
Où mainte & mainte livrée
Et tes Chiens pour le Cerf se trouvent decouplez

Toy qui de Lucine as le nom
Qui portes celuy de Junon,
Si l'Epouse en couche on doit croire,
Sur tout quand elle souffre en son travail d'enfant,
O Lune Trivie en ta gloire
Remportant toûjours la victoire,
Jette en terre du Ciel, ton regard triomphant.

O Déesse qui par le cours
Des mois mesures les jours
Pour fournir ta part de l'année,
Et qui de moissons d'or au riche Laboureur
Accomplissant ta destinée,
Et luy fournissant sa journée,
Fais ses granges emplir, les comblant de bonheur:

Sois venerable tous les jours,
Sois favorable dans ton cours,
De quelque ſorte qu'on te nomme,
Et, ſelon ta coûtume enfin conſerve-nous,
Partant le bon-heur à chaque homme,
Soit à Verone, ſoit à Rome,
Où de ton ſaint pouvoir Romule eſt ſi jaloux.

IL CONVIE CECILIUS DE LE VENIR viſiter. 36. *Poleæ tenero meo ſodali.* 18.

MON papier, je voudrois que par tes bons offices
A Cecile eſprit doux & delicat tu fiſſes,
Qu'à ſon ſortir de Come, & quittant ce canton,
Sans ſonger qu'il eſt jeune, & ſans barbe au menton,
(C'eſt mon intime ami qui ſçait la Poëſie
On eſtime ſes Vers, dont mon ame eſt ſaiſie)
Il vint droit à Verone, où je veux profiter
Des conſeils d'un ami que je veux imiter.
Que bien-toſt il ſe mette en chemin, s'il eſt ſage,
Bien qu'une fille aimable arreſte ſon voyage.
A quoy, pour l'empeſcher par mille inventions,
Elle ſçait l'art de plaire avec cent fictions,
Le conjure toûjours de demeurer pres d'elle,
Se jettant à ſon col, l'appellant infidelle,
Pour luy perſuader qu'elle a beaucoup d'amour,
Si je dois croire au moins ce qu'on m'en dit un jour.
Car dés qu'il commença de faire la lecture
De ſa Berecinthie avec ſon avanture,
Les feux du Dieu d'Amour embrazerent ſon cœur
Et ſe permit la plainte en ſentant ſa douleur.
Ie t'en veux excuſer, fille bien plus ſçavante
Que la Muſe qui fut en Sappho ſi galante.
C'eſt une belle choſe à Cecile d'avoir
Entrepris un Poëme où paroiſt ſon ſçavoir.

CONTRE LES ANNALES DE VOLUSIUS. 37.

Annales Volusi. 20.

ANNALES de Voluse, en vostre carton sale
Satisfaites aux vœux d'une Ame liberale.
C'est ma belle Maistresse, & celle qui fit vœu
A Venus dont l'Amour l'embraze de son feu,
Et de qui le respect doit estre inviolable
Aux Amants qui toûjours trouvent l'Amour aimable.
Que si je retournois à son affection,
Et si je voulois bien par ma discretion
M'abstenir d'offencer sa personne connuë
Avec des Vers piquants dont elle est prevenuë,
Elle sacrifieroit au Dieu lent à marcher
Les écrits du Poëte, où rien n'est à chercher:
Qu'ils s'en aillent au feu; mais la mauvaise fille,
N'avoit fait tous ses vœux dans son humeur gentille,
Que pour se divertir, maintenant, ô Venus:
Qui tires de la Mer de si grands revenus,
Qui cheris Idalie au monde renommée
A cause qu'en ses champs sa gloire est estimée,
A qui plaist la Cité des peuples Uriens,
Que l'on voit s'eslever entre les Citoyens,
Ancone & Gnide une Isle en Roseaux si fertile,
Amathonte, Golgos, & Dyrrachie agile,
Sur le bord de la Mer, où se formant un port,
Elle en sçait l'avantage, & tient heureux son sort;
Que nostre vœu te plaise, & fai qu'il s'accomplisse,
Si la chose en est bonne ou qu'elle soit sans vice.
Tandis venez au feu ridicules cahiers,
Annales de Voluse écrites en papiers
Où l'ordure paroist entre mille sottises
Dont il se faut garder ainsi que de surprises.

A SES COMPAGNONS DE TABLE. 38.

Salax taberna. 20.

CHAMBRE de Debauchez & vous Esprits contents,
Qui ne pensez à rien qu'à passer vostre temps;

Ne

Ne demeurant pas loin du Temple des deux freres,
Qui de la liberté portent les caracteres,
Au neuviesme pilier en revenant delà;
Pensez-vous estre seuls qui sachent pour cela
Tout ce qui se doit faire, ayant si belle teste,
Comme si vous estiez propres seuls à la feste,
Croyant faire passer les autres pour des Boucs,
Qui ne doivent porter sur le col que des jougs.
Pour estre cent Coquins tels que d'une Cabale
Entre plusieurs Filoux sont des Breteux de bale;
Pensez-vous que moy seul, si je fais mon devoir,
Je ne vous puisse vaincre avec vostre pouvoir?
Vous estes cent Coquins, dont nous savons l'histoire,
Sans que j'aye besoin pour vous le faire croire
Que d'un tizon brulé pour peindre sur le mur,
Et vostre sotte audace & vostre esprit impur:
Car celle qui s'enfuit d'entre mes bras que j'aime
Autant qu'on peut aimer quelque beauté supréme:
Et pour laquelle aussi i'ay rendu maints combats,
S'arreste parmi vous sans craindre vos debats.
Enfin vous l'aimez tous, tant vous la trouvez belle,
Et vous l'aimez aussi, la tenant infidelle,
Compagnons debauchez, & vous petits Filoux,
Qui le long des rampars faites sentir vos coups:
Mais entre tous ceux-là, qui portent la perruque
Si longue qu'elle couvre & le front & la nuque,
Egnace, qui sorti de ces fameux clapiers
De la Celtiberie es l'un des vieux Routiers,
Qui portent gravement une barbe touffuë,
Et qui laves tes dents d'urine répanduë.

A CORNIFICIVS. 39. *Male est Cornifici.* 8.

A ton ami Catulle, un tel malheur arrive,
Que de son doux repos, Cornifice, il le prive.
Delà, son ennuy croist par jour à tous moments.
Mais que luy revient-il de tous tes agréments,

Si pour le consoler du mal qui le desole,
Tu ne l'as pas jugé digne d'une parole?
Et certes tu devois dans son affliction,
Ne luy pas refuser ta consolation,
Ayant plus de sujet d'avoir son œil humide,
Que ne s'en vid jamais le pleureux Simonide.
Ha! i'en suis en colere, & je dirai toûjours;
Comment! traiter ainsi mes plus tendres Amours!

CONTRE EGNACE. 40. *Egnatius quod candidos.* 21.

EGNACE rit toûjours, car il a les dents belles.
Il rit se presentant en causes criminelles,
Pour defendre son droit devant le Tribunal,
Quand le Iuge prononce un iugement final.
D'un Orateur puissant avec son éloquence,
Qui fait des yeux tomber des pleurs en abondance,
Il ne peut s'empescher de rire en le voyant.
S'il voit mourir quelqu'un, il montre un air riant.
Vne mere se voit pleurant son fils unique?
Il rit sur son sepulchre & prend un ton lyrique.
Il rit sur toute chose & tres-mal à propos:
Et s'il n'ouvre la bouche, il n'est point en repos.
C'est une étrange erreur qui blesse sa pensée,
Qui ne luy peut venir que d'une ame insensée.
Egnace, ô bon Egnace, il faut donc t'avertir
Qu'afin que nous puissions à tes ris consentir,
Soit que tu fusses fils d'un Bourgeois de la Ville,
Ou quelque lourd Sabin, ou Porc, ou Crocodille,
Ou Lanuvien noir, ou quelque gras Toscan,
Tout proche de l'Ombrie, ou mesme Transpadan;
Afin qu'aussi ie vienne aux gens de ma Patrie,
Qui, pour blanchir leurs dents, non pas sans industrie,
Lavent avec de l'eau; mais ie ne voudrois pas
Que les faisant reluire, on en fist tant de cas,
N'estant rien de si sot au monde qu'un sot rire,
Moins supportable à voir qu'il n'est à le décrire.

A l'heure que j'en parle un Celtiberien
Venu de son Païs s'incommodant de rien.
Dés le matin ses dents avecque ses gencives
Il frotte & gargarise, où, parmi des laixives,
Il mesle de l'urine, afin de les blanchir :
Puis il teint sa gencive, & la fait rafraichir.
Mais d'autant plus qu'il veut faire ses dents parestre
D'autant plus dans sa bouche admet-il de salpestre.

A RAVIDE. 41. *Quænam te mala mens.* 8.

QUELLE étrange manie, infortuné Ravide,
T'a jetté dans l'esprit sans conseil ni sans guide,
De me venir fascher, & dés là m'obliger
A te mettre en mes Vers, pour te faire enrager ?
Quel Dieu mal invoqué, pour ton bien te suscite
Vne querelle forte où ton malheur s'irrite ?
Est-ce afin que ton nom se porte avec mes Vers,
Allant de bouche en bouche en des climats divers ?
Quoy ! tu seras connu par là de tout le monde ?
En cela ton dessein, Ravide, je seconde.
Oüi, puisque ton audace a bien voulu cherir
Ce que j'aime le plus, & qui me fait mourir.

D'ACME'. 42. *Acme an illa puella.* 8.

CETTE Acmé si rusée estant si bien servie
M'a-t-elle demandé beaucoup d'argent content ?
Cette fille au grand nez de peu d'éclat suivie,
L'amitié de Formie où son espoir l'attend !
O vous ses chers Parents chargez de sa tutelle
Appellez ses Amis & tous les Medecins,
Elle se porte mal, & le sein luy pantelle,
Elle haït le miroir, les plats & les bassins.

CONTRE VNE FEMME QV'IL NE NOMME point. 43. *Adeste hendeca syllabi.* 24.

VENEZ Vers de dix à onze
Avec un visage de bronze,

Tous mes Vers venez me trouver:
Car j'ai dequoy vous éprouver.
Venez de mesme icy, mes Vers de douze à treize
Sans vous entrecouper par quelque parenthese.
Vne infame a le front,
De dire que je raille & qu'on luy fait affront.
Si vous le trouvez bon, elle s'opiniastre,
Comme une accariastre
A garder mes cahiers où vous estes écrits.
Ne l'abandonnons point, reprenons nos esprits,
Et retirons bien-tost tout ce qu'on nous a pris.
Demandez-vous qui c'est cette vilaine beste
De si mauvaise grace, & portant sur sa teste
Vne espece de creste?
Marchant d'un air comique, & qui rit grimassant,
Comme feroit un chien de la Gaule en chassant,
Se fronçant la babine,
D'aussi mauvaise mine.
Assiegez la sans cesse, & redemandez luy
Ce qui vous appartient & cause mon ennuy.
Puante, laide, infame;
Rends les papiers volez,
Rends-les, vilaine femme
Par ta main violez.
O fange, infame bouë,
Detestable gadouë,
Ou si je te pouvois marquer d'un pire nom,
Ridicule Guenon,
Qui ne peux apporter dans les lieux de debauche,
Rien qui ne soit à gauche;
Mais qu'on ne pense pas que cecy soit assez.
De peur que tous ces mots en son cœur effacez,
Ne la laissent en paix, qu'enfin quelqu'un la touche;
Criant à pleine bouche,
Et d'une voix de fer pour la faire rougir,
Puis qu'il est mal-aisé d'ailleurs de la regir.

Puante, laide, infame,
Rends les papiers volez,
Rends-lés vilaine femme,
Par ta main violez.
Mais nous n'y gagnons rien n'estant non plus émuë,
Qu'une beste insensible aux peuples inconnuë.
Il se faut donc servir de meilleures raisons :
Car toutes ne sont pas pour toutes les saisons.
Voyez si d'autre sorte,
Pour vostre délivrance, elle ouvrira la porte.
Parlant d'autre façon, vous pourrez l'obliger,
Sans la desesperer, ni la faire enrager.
Rends les papiers, femme pudique,
En toutes choses magnifique.

CONTRE L'AMANTE DE FORMIAN. 44.

Salve nec nimio. 8.

Je te viens donner le bon jour,
Comme tu donnes de l'amour,
La belle qui n'as pas au milieu du visage,
Ni le nez fort petit, ni le régard trop sage,
Ni l'œil noir gracieux, ni le pied trop bien fait,
Ni les doigts longs aux mains, pour former un souhait,
Ni la bouche vermeille & qui soit un peu seiche :
Mais qui paroist revesche,
Et qui parle assez mal.
Cependant Formian, ce stupide animal,
L'aime de tout son cœur. O fille fortunée,
Te trouvant si bien née!
Fait-on comparaison de Lesbie avec toy ?
O siecle sans esprit, sans jugement, sans foy!

A SON CHAMP. 45. *O funde noster.* 21.

Mon Champ, soit qu'on te range au païs des Sabins,
Soit qu'aux murs de Tivole on joigne tes jardins :
Car si tu ne veux pas que l'on te dissimule,
Tivole est preferé pour l'amour de Catulle.

Mais les gens d'autre avis gagent ce qu'on voudra,
Pour maintenir qu'il est des Sabins jusques là.
Mais qu'il soit des Sabins, ou des droits de Tivole,
Je n'en veux dire icy qu'une seule parole.
J'ay demeuré souvent avec bien du plaisir
Au Village tout proche où l'on dort à loisir.
Là, je me suis défait d'une toux importune,
Prenant de l'apetit dans ma bonne fortune,
Estant allé de là souper chez Sextius,
Il lut un plaidoyer entier contre Attius,
Qui demandeur en cause estoit plein d'amertume.
Je m'y trouvai saisi de la toux & du rhume,
Qui me pressa beaucoup jusques à ce qu'enfin,
Je me fusse gueri par du Basilisc fin,
Qui se pile & se mesle avecque des Orties,
Les ayant assez bien de la sorte assorties;
Je te veux rendre grace aprés ma guerison,
De ce que tu n'as point de moy tiré raison,
Qui par mal-heur pouvois d'une offense impreveuë,
Blesser ta modestie & ta celeste vuë.
Que si de Sextius desormais j'entreprens
De lire les Ecrits, à mon sens, si méchants,
Je ne refuse point que le froid ne m'apporte
Un étourdissement avec une toux forte,
Pourveu que Sextius en ait aussi sa part,
Qui m'a relu cent fois un Livre fait sans art.

D'ACME' ET DE SEPTIMILE. 46. *Acmen Septimius.* 29.

Le jeune Septimile, avec la belle Acmé
Qu'il tenoit embrassée, & qu'elle avoit charmé.
Ma belle Acmé, dit-il, mes Amours, mes delices,
Dont je me sens épris malgré tous tes caprices,
Je suis & je serai resolu de t'aimer
Autant que l'on sçauroit tes charmes estimer.
Ce seroit ma pensée au fond de l'Arabie,
Je parlerois de mesme aux sablons de Libye,

Ou dans l'Inde brûlée en danger de perir,
Devant quelque Lion qu'on vist par tout courir.
Quand il eut dit ces mots, l'amour qui s'évertuë,
Venant du costé gauche aussi-tost éternuë :
Alors Acmé tournant sa teste doucement,
De sa bouche elle baise & touche son Amant.
L'un & l'autre enyvrez de toutes les delices
Compagnes de l'amour dans ses doux exercices,
Septimile, dit-elle, en de tels passe-temps,
J'espere que nos cœurs se trouveront contens.
Ce n'est pas un grand mal que sous le doux Empire
D'une Divinité chacun de nous soûpire.
Je t'appelle ma vie, & suis la tienne aussi,
Et nous serons heureux d'estre toûjours ainsi.
Quand elle eut dit ces mots l'Amour qui s'évertuë,
Venant du costé gauche aussi-tost éternuë,
Si par un tel augure, on aime, on est aimé.
Septimile est content, plus contente est Acmé.
Il aime mieux son cœur que toutes les richesses
De la grande Syrie avecque ses mollesses,
Ni que le luxe Grec, ni que tous les tresors
Que la Grande Bretagne étale sur ses bords,
Acmé seulement cherche avecque Septimile,
Les innocens plaisirs preferez à cent mille :
Qui vid iamais au monde un couple plus heureux !
Une amitié plus sainte où brûlent de tels feux !

A SOY-MESME AU SUJET DE LA VENUE du Printemps. 47. *Iam ver egelidos.* II.

LE Printemps nous remet dans les jours temperez,
D'où l'Equinoxe froid nous avoit égarez
Par ses fortes rigueurs qui se sont appaisées,
Quand Zephire a couru sur ses aisles aisées.
Catule, il faut laisser les Cantons Phrygiens,
Et les Champs où Nicée accumule ses biens.
Allons voir maintenant les Villes de l'Asie,
Où, parmi cent douceurs regne la courtoisie.

Il ſemble que nos pieds nous y vueillent mener,
Dont pas une raiſon ne nous doit détourner.
Adieu troupes d'Amis, par des routes diverſes,
Des chemins vous rendront ſans aucunes traverſes;
En des lieux differens, d'où vous ſerez partis,
Vous éloignant d'ici, quand vous ſerez ſortis.

A PORTIVS ET A SOCRATION. 48. *Porci & Socration.* 7.

PORTIE, écoute nous, un peu d'attention,
Et toy Socration,
Demangeaiſons fatales!
Deux Appetits deſordonnez
De Piſon, de Memmie à tous abandonnez,
Avec de terribles ſcandales.
Quoy! ce Juif inſolent, vous aurez preferez
A mon Veraniole, à Fabule admirez.
Vous faites tous les jours dès feſtins admirables,
Et nos Amis par tout cherchent les moindres tables;
S'en vont de place en place, afin de découvrir,
Si pour les mal-traiter, on les veut mal nourrir.

A IUVENTIVS. 49. *Mellitos oculos tuos.* 6.

SI l'on me permettoit de baiſer tes yeux doux,
Aimable Iuventie, en ce ſiecle jaloux,
I'oſerois les baiſer plus de cent fois poſſible,
Sans aſſouvir mon cœur, à ces biens, ſi ſenſible,
Non pas quand la moiſſon de nos baiſers ſeroit
Plus nombreuſe qu'aux champs, quand le Vent ſouffleroit

A MARC TVLLE CICERON. 50. *Diſertiſſime.* 7.

DES hommes deſcendus de l'antique Romule,
Le plus diſert de tous, incomparable Tulle,
Tant des vifs, que des morts, que de ceux qui naiſtront,
Ou qui dans l'avenir éloquens pareſtront.
De toutes tes faveurs, Catulle te rend graces,
Il reconnoiſt auſſi qu'en tout tu le ſurpaſſes:
Et qu'il ſe tient luy-meſme en ſes écrits divers,
Le moindre de tous ceux qui compoſent des Vers:
Mais

Mais d'autant plus le moindre en toute Poësie,
Que ta rare éloquence a son ame ravie.

A LICINIE. 51. *Hes terno Licini.* 21.

HIER, mon Licinie, ayant du temps de reste,
Nous fismes quelques Vers que nul chagrin n'empeste,
Tous de galanterie avec des tours divers,
Tantost à demi-mot, & tantost moins couverts,
D'une & d'autre mesure avecque bien-seance,
Parmi des gens d'esprit sans prendre de licence:
Mais non pas sans les jeux où se mesle le vin,
Quand on veut comme on dit honorer le festin:
Et, s'il faut, Licinie, alors qu'on se retire,
Me separant de toy, je me plains, je soûpire.
Je regrette de perdre avec ta belle humeur,
Ta conversation qui me charme le cœur,
Ie ne puis reposer, & quand on doit se rendre
Aux douceurs du sômeil qui nous devroient surprendre,
Me sentant trop émû, je me tourne en mon lict
Avec inquietude où par un grand conflict,
Qui se forme en moy-mesme avec impatience,
De revoir la lumière & d'estre en ta presence,
Pour t'oüir discourir, mes membres fatiguez
Semblent troubler mes sens de peine extravaguez.
I'ay composé ces Vers pour te faire connestre,
D'un Esprit enjoüé quel mon travail peut estre,
Ne sois plus maintenant, mon cher, trop rigoureux,
Et ne méprise point nos prieres, nos vœux,
De peur que Nemesis n'en tire la vangeance,
Sans épargner jamais l'imprudent qui l'offence.

A LESBIE. 52. *Ille mihi par esse Deo.* 15.

A quelque Dieu peut-estre un homme comparable
Et, si je l'ose dire, il surmonte les Dieux,
Qui se trouvant assis devant toy, fille aimable,
Te regarde souvent & t'écoute en tous lieux,
Au gré mesme des Cieux.

Si-tost que je te vis, ô belle que j'adore,
Ie n'eus plus de pouvoir dessus ma liberté,
Ie devins immobile, & mon Esprit ignore
L'estat où je me trouve en perdant la clarté,
Contre ma volonté.

Une flâme s'écoule aussi-tost dans mes veines,
Sur l'heure du sommeil, j'oüis un certain bruit,
Qui choquant tous mes sens me causa mille peines,
Mes yeux furent couverts par un cas fortuit,
Des ombres de la nuit.

O que l'oisiveté, Catulle, est dommageable:
Mais tu te réjoüis dans cette oisiveté.
Elle abbat toutesfois ta force insurmontable,
Des Villes & des Rois dans leur prosperité,
Contraire à l'équité.

CONTRE NONIVS ET VATINIVS. 53.

Quid est Catulle. 4.

QUOY! Catulle, aujourd'huy tu craindras de perir?
Pourquoy differes-tu maintenant de mourir?
Nonius est assis sur sa chaise d'yvoire.
Vatine faussement se parjure en sa gloire.
Pourquoy differes-tu maintenant de mourir?
Quoy! Catulle, aujourd'huy tu craindras de perir?

D'VN CERTAIN PERSONNAGE ET DE Calvus. 54. *Risi nescio quem.* 5.

O que dernierement en bonne compagnie,
I'eusse ry volontiers & sans ceremonie,
Quand quelqu'un admirant Calve qui dépeignoit
Les crimes de Vatine, ainsi qu'il se plaignoit,
Dit élevant sa voix en parole couverte;
O Dieux! que cét Enfant a la langue diserte!

* * * 55. *Othonis caput* 7.

RUSTIC, j'aimerois fort le petit chef d'Othon,
Aussi-bien que le corps délié de Tithon,

Si je ne pensois pas ces choses te déplaire,
Et qu'à Fuffesse on eust quelque dessein contraire.
Empereur, ton courroux s'émeut contre mes Vers
Sans l'avoir merité, les lisant de travers.

A CAMERIVS. 56. *Oramus si forte.* 32.

Si tu le trouves bon, fai-nous voir, je te prie,
Quel est ce noir obscur qui sur toy s'approprie,
Et te cache si bien, que l'on ne te voit point,
Et que l'on ne peut dire où ton amour se joint?
On t'a cherché par tout, au lieu des exercices,
Dans le Cirque, au Maneige, ou dans le champ des Lices,
En chaque Librairie où les Libraires sont,
Au Temple où Iupiter montre aux Peuples son front,
Et dans la Gallerie où l'on voit de Pompée
Les Faisceaux, & la Masse, & la Hache & l'Espée.
Là, j'ay pris doucement les filles par la main,
Capables de toucher le cœur le moins humain,
Je leur ay demandé souvent de tes nouvelles:
Mais pleines d'artifice autant qu'elles sont belles,
Vne entre-autres me dit; le voilà dans ce sein,
Me découvrant sa gorge, & je vis son dessein.
Cependant, Camerie, il seroit ridicule,
De te chercher plus loin par un labeur d'Hercule.
Comment te caches-tu parmi tant de fierté?
Que veux-tu devenir avec ta liberté?
Di-nous-en le secret: Dans d'honnestes familles,
N'es-tu point arresté pour quelques jeunes filles?
Si tu retiens ta langue, & tu ne trouves pas
A parler de l'Amour, ni de tous ses appas?
Venus s'est toûjours pluë à la cajolerie,
Elle parle beaucoup, elle entend raillerie:
Mais rends-moy confident de ton secret amour,
Ie me souciray peu de sçavoir ton sejour;
Quand ie pourrois passer en vistesse Dedale,
Ou Ladas, ou Persée, avec une aisle égale,

Et quand je volerois avec telle roideur
Que Pegaſe auroit peine à ſuivre mon ardeur,
Ou que j'égallerois les chevaux blancs de Rheſe,
A la courſe ſi prompts le long de la Falaiſe,
Adjoûtes-y la plume & l'aile des Oiſeaux,
Et des Vents ſi legers, qui chaſſent les Vaiſſeaux:
Mais quand ces choſes là, i'aurois toutes enſemble
A te chercher ainſi, ie ſerois ce me ſemble
Fatigué tellement, Camerie, & ſi fort,
Qu'il faudroit ſuccomber apres un tel effort.

A CATON. 57. *O rem ridiculam.* 7.

O choſe ridicule & plaiſante, Caton,
Digne qu'on te la die avec un grave ton.
Il ne te ſera pas deffendu d'en ſoûrire,
Si tu veux que Catulle oſe bien te la dire.
La choſe eſt ridicule & le dis ſans façon,
J'ay ſurpris toute à l'heure un fort petit garçon,
Qui de faire eſſayoit ſur une ieune fille,
Dont tu me peux bien croire, une choſe gentille:
Mais l'ayant chaſtié, le petit effronté,
Dione me ſçait gré de cette dureté.

CONTRE MAMURRA ET CESAR. 58.
Pulchre convenit. 10.

De deux effeminez par de rares delices,
L'un & l'autre remplis de pareils artifices;
De Ceſar, de Mamurre on peut dire en riant
Tantoſt l'un, tantoſt l'autre eſt l'ami patient,
En l'un & l'autre auſſi les taches ſont égales,
A la Ville, à Formie également fatales,
S'exprimant tout de meſme au viſage des deux,
Sans qu'en cela pourtant on viſt rien de hideux.
Ils ſont tous deux égaux, gens corrompus, habiles,
Bien accouplez enſemble en des trames ſubtiles:
Ils ſont également compagnons & rivaux,
De cent ieunes Beautez pour des plaiſirs nouveaux,

Tout cela convient bien à gens pleins d'artifices,
Qui sont effeminez par de rares delices.

A CELIUS AU SUJET DE LESBIE. 59.

Cæli Lesbia nostra. 5.

Le dirai-je, Celie, ô que la chose est dure!
Lesbie oüi ma Lesbie, & chacun en murmure,
Cette Lesbie enfin que Catulle estimoit,
Et qui plus mille fois que soy-mesme il aimoit,
S'abandonne aujourd'huy dans chaque coin de ruë,
Aux Descendans de Reme, où je l'ai méconnuë.

DE RUFA ET DE RUFULE. 60. *Bononiensis Rufa.* 5.

La Rousse de Bologne & femme de Menene,
Qui trompe si souvent Rufule qu'elle mene,
Ne l'avez-vous pas vuë au sortir des tombeaux
Emporter son écuelle avec certains lambeaux,
Quand tirant le pain chaut du four elle est battuë
Et que le Boulanger l'assassine & la tuë?

* * * 61. *Num te leæna.* 5.

Une Lionne née aux montagnes d'Afrique,
T'a-t-elle mis en l'ame une humeur si tetrique?
Où Scyle entre ses chiens t'a-t-elle mis au jour
Avec tant de colere, où s'abysme l'amour?
Pour mépriser la voix d'un Amant qui te presse
Dans son extrémité de guerir sa detresse
Inexorable cœur que rien ne peut fléchir!
Hé! quoy! de tant de fers nul ne peut m'affranchir!

CHANT NVPTIAL, POVR LES NOPCES de Iulia & de Torquatus Manlius. 62.

Collis ô Heliconei, &c. 240.

Fils de la Divine Uranie,
Favorise nostre chançon,
Qui ravis hardiment de nostre Compagnie,
Vne personne aimable en faveur d'un Garçon,
D'un Epoux excellent, à qui la destinée
Le genereux Hymen, ô Hymen Hymenée.

Sus environnez vostre teste
De la Marjolaine en sa fleur,
Dont l'agreable odeur est si douce à la Feste;
Prenez le voile saint d'une jaune couleur :
Et portez le patin de la couleur du voile,
A vostre pied plus blanc que la plus blanche toile.
On t'invite au jour d'allegresse,
Avec la beauté de ta voix :
Chante des Vers joyeux pour la Nopce qui presse,
Frappe en chantant la terre au doux son des hauts-bois,
Que ton pied merveilleux ait l'action gallante,
Secouë avec ta main la torche flamboyante.
Sans mentir la belle Iulie
Comparable en tout à Venus,
Qui cherit le seiour de l'illustre Idalie,
Telle qu'elle parut sur les Monts si connus
Au Berger Phrygien, qui iugea la plus belle,
Se ioint avec Manlie, Epoux si digne d'elle.
Elle est comme un myrthe d'Asie
En poussant ses Ramaux fleuris,
Que les Nymphes des Bois, l'honneur de la Mysie,
Prennent plaisir d'aimer pour en estre cheris,
L'arrosant de pure eau que les Hamadryades
Expriment sur les Monts avecque les Dryades.
Tes beaux pas icy donc addresse,
Quitte les antres Thespiens,
Qui sont dans l'Aonie, où l'Aganipe laisse
Du rafraischissement, & les comble de biens.
Appelle à la maison la belle qui desire
Son ravissant Epoux, pour qui son cœur soupire.
Le sien de plus de cent nœuds lie.
Par l'artifice de l'Amour,
Comme un Lierre errant qui tout autour s'allie,
Avecque l'Arbre aimé qui luy donne le iour :
Que d'un mesme lien son ame soit pressée,
Et que de son Epoux, elle soit caressée.

Mais vous aussi, Filles aimables,
De qui la grande pureté
N'eut iamais de besoin de Femmes venerables
Pour observer vos mœurs ny vostre honnesteté;
Faites ce qu'il faut faire : & toute la iournée,
Chantez, Hymen, Hymen, Hymenée, Hymenée.
Qu'ainsi de la belle Déesse
Le saint & charmant Conducteur,
Nous fasse icy l'honneur de venir en liesse :
C'est le Dieu qui preside à l'union du cœur,
Qu'il écoute nos vœux, & que rien ne partage
Sa bonne intention pour la mettre en usage.
Quel Dieu seroit plus souhaitable,
Selon le desir des Amants ?
Lequel est-ce des Dieux, qui seroit preferable,
En pouvoir, en douceur, en tous plaisirs charmants,
A l'Hymen qui nous guide, & void cette journée,
Oüi l'Hymen qui nous void, ô Hymen, Hymenée!
Le Pere à deux genoux t'invoque,
Pour celle qu'il veut marier :
Les Vierges deceignant leur ceinture qui choque,
En ton honneur le font, sans te contrarier;
Celle qui t'apprehende est pourtant desireuse
D'oüir tout ce qu'on dit d'une Fille amoureuse.
D'une humeur aimable & gentille,
D'un jeune Homme rempli d'ardeur,
Tu mets entre les bras une charmante Fille,
Que tu viens de tirer des bras de la Pudeur,
Et d'une Mere tendre, à qui cette journée
Donnera de la ioye, Hymen ô Hymenée.
Venus qui dans tous lieux excelle,
Sans ta vertu ne peut ioüir
Des biens & des faveurs qu'une bonne nouvelle
Apporte à son esprit pour l'a bien réjoüir.
Il le peut si ton œil, Hymen, la favorise.
Qui se peut comparer à ce Dieu? qu'il le dise.

Nulle famille de ce monde,
Sans ton ſecours ne peut donner
Des Filles, des Garçons pour qui l'amour ſe fonde,
Ni quelqu'un ne ſe peut pour Pere deſtiner:
Il le peut ſi ton œil, Hymen, le favoriſe.
Qui ſe peut comparer à ce Dieu? qu'il le diſe.
Sans ces belles ceremonies,
Nuls Climats ne peuvent avoir
De biens, ſans ſes bontez ou graces infinies:
Ils ne ſçauroient aux champs cultiver de terroir,
Si ce n'eſt que ton œil, Hymen, les favoriſe.
Qui ſe peut comparer à ce Dieu? qu'il le diſe.
Ouvre les portes de ta chambre
Noſtre Sœur eſt preſte à venir,
Voyez-vous des flambeaux, & l'eſcarboucle & l'ambre
Secoüer leurs clartez, que chacun doit benir?
Mais vous demeurez trop. Qu'elle eſt appropriée!
Avancez donc vos pas, nouvelle Mariée.
Sa pudeur charmante & diſcrete
L'a fait icy long-temps tarder.
Et, de ce qu'on luy dit d'une langue interprete
Venez voſtre beauté ſe fera regarder.
Mais vous demeurez trop. Qu'elle eſt appropriée?
Avancez donc vos pas, nouvelle Mariée.
Ceſſe de pleurer, Auroncie,
Nul danger n'eſt icy pour toy,
On ne peut trop blaſmer celuy qui s'en ſoucie:
Il ne le faut pas craindre, & je tiendrois pour moy,
Qu'une choſe plus belle au monde n'a point veuë
Le Soleil ſe levant du ſein de l'Onde nuë.
Ainſi dans les jardins des plantes
D'un Proprietaire opulent,
Où leur varieté, tant elles ſont riantes,
Et l'Hyacinthe exquis, rendent l'eſprit content,
Mais vous demeurez trop. Qu'elle eſt appropriée!
Avancez donc vos pas, nouvelle Mariée.

Venez,

Venez, venez, nouvelle Epouſe,
Icy recevez un grand don.
Si vous nous entendez, n'en ſoyez point jalouſe,
Y prenez-vous bien garde? O Dieux! qu'il y fait bon:
Les feux ſont allumez. Qu'elle eſt appropriée!
Avancez donc vos pas, nouvelle Mariée.
Voſtre Mary remply de gloire,
Eſt exempt de legereté,
Qui l'engage à changer pour une autre victoire
Recherchant des plaiſirs contre l'honneſteté:
Il ne le faudroit pas. O Dieux! qu'elle eſt parée!
Et qu'elle paroiſt belle en faiſant ſon entrée!
Diſons quant à nous le contraire,
Que comme une Vigne à l'entour,
Des Arbres nous voyons ſe lier & ſe plaire:
Ainſi ces deux Amants ſe lieront par amour.
Mais le jour ſe retire O Dieux! qu'elle eſt parée!
Et qu'elle paroiſt belle en faiſant ſon entrée!
O lict, ô couche ſoûtenuë
Sur des pieds d'ivoire tendus,
Quelles felicitez s'offriront à ſa veuë?
Dans quels plaiſirs, grands Dieux, ſeront-ils confondus!
Mais le jour ſe retire. O Ciel, qu'elle eſt parée!
Et qu'elle paroiſt belle en faiſant ſon entrée!
Allumez promptement vos Cierges,
Jeunes gens, prenez vos flambeaux.
On voit le voile d'or ſur la teſte des Vierges,
Et les yeux au travers paroiſſent toûjours beaux.
Allez, &, de concert, cette hymne fortunée,
Chantez Hymen, Hymen, Hymenée, Hymenée.
Que dans ces lieux on ne s'oublie
De ſe permettre les bons mots,
Selon l'ancien uſage appris Feſcennie,
Et que ſon Confident chante & vuide les pots,
Au ſujet de l'amour du Maiſtre qui le quitte,
Laiſſant le Favori pour une Favorite.

Donne des noix à la sortie
Aux Enfans qui les aiment fort,
Le beau fils desormais inutile en partie ;
Ce jeu pour toy jadis fit faire un grand effort.
Nous rendons aujourd'huy tous nos vœux à Thalasse,
Seme des noix, beau fils, de peur qu'il ne le fasse.
Certes je te semblois nagueres
Mal propre, mon petit mignon.
Mais le barbier venu de ses rasoirs austeres
Te rase maintenant la ioüe & le menton :
Infortuné mignon ! le beau fils, on s'en lasse,
Donne, donne des noix, en l'honneur de Thalasse.
On l'a dit, Epoux qu'on parfume,
Que tu t'abstiens mal aisément
De la belle jeunesse en qui chacun presume
Que le ieune duvet n'empesche nullement :
Il n'en faut plus user quand l'ame est bien tournée
Pour les iustes souhaits d'Hymen & d'Hymenée.
Nous sçavons bien que les delices
Dont tu nous avois tant parlé,
Estoient pour toy iadis tes plus doux exercices :
Mais elles ne sont plus, leur temps s'est écoulé.
Hymen ailleurs te donne une femme bien née.
Celebre les douceurs d'Hymen & d'Hymenée.
Cependant, admirable Epouse,
Ne luy refusez iamais rien.
Je le dis, Il est vray, si vous n'estes ialouse,
Vous luy devez donner ce qu'il appelle sien,
De peur qu'il ne recherche ailleurs sa Destinée,
Hymen ô Hymenée ; ô Hymen Hymenée.
Voyez combien est opulente
La maison de vostre Mari !
En vostre âge avancé vous en serez contente,
Attendant l'âge vieux pour qui tout est peri :
Ne luy refusez rien, car son ame est bien née,
Hymen, ô Hymenée : ô Hymen, Hymenée.

Paſſez le Seüil de voſtre porte,
De vos pieds proprement chauſſez :
Et que ce ſoit bon ſigne, eſtant d'eſprit accorte.
Qu'il entre au Cabinet ſur des pas rehauſſez :
Regardez voſtre Epoux ſur la Pourpre ordonnée,
Comme il vous tend les bras, Hymen, ô Hymenée.
Sans mentir ſa flâme amoureuſe
Se fait ſentir à voſtre ſein,
Ainſi que voſtre ardeur la ſienne eſt genereuſe,
Vous avez dans le cœur un ſemblable deſſein ;
Donnez-luy voſtre main, bel Epoux, eſtant née
Digne de voſtre Amour, Hymen, ô Hymenée.
Vous toutes ſagement expertes,
Pour plaire à vos jeunes Maris,
Quand ils ſont un peu vieux, vous feriez bien des pertes,
Si par vous, ils avoient ſujet d'eſtre marris :
Mettez la jeune Epouſe en la place ordonnée,
Montrez-luy ſon devoir, Hymen, ô Hymenée.
Il eſt donc permis à cette heure,
Au Marié d'entrer s'il veut, [pleure
L'Epouſe eſt dans ſa chambre où ſon œil charmant
Quoy que ſon beau viſage éclate autant qu'il peut,
Comme le blanc exquis de la fleur Parthenice,
Jointe au Pavot vermeil, auſſi-bien qu'au Narcice.
Vous n'avez pas fait longue attente,
Et vous voicy déja tout preſt,
Que la Divinité de Venus vous contente,
Puis que vous joüiſſez d'un excellent appreſt,
D'un bien que ſi ſouvent voſtre bonne fortune
Avoit fait eſperer à voſtre ardeur commune.
Voſtre Amour eſt bien legitime,
Illuſtre Mary, les grands Dieux
Ne vous ont point donné moins de beauté ſublime :
Et la belle Venus vous traite encore mieux.
Mais la clarté s'en va, pouſſez voſtre fortune,
Et ne differez plus voſtre gloire commune.

On conteroit plutoſt le nombre
Des ſables de toute la Mer,
Ou des Aſtres brillans du Ciel dans la nuit ſombre,
Que ſi tous vos plaiſirs, pour les bien eſtimer,
On les vouloit compter, nul ne le ſçauroit faire,
Comme ils ſont infinis, qui diroit le contraire?
Réjouïſſez-vous donc de grace,
Et faites bien-toſt des Enfans,
Il n'eſt pas juſte auſſi qu'un ſi grand nom s'efface.
Que le voſtre demeure à des Fils triomphans:
Il faut nobles Amans, & de Fils & de Fille
Augmenter doublement voſtre ſainte Famille.
Que de voſtre illuſtre alliance,
Un petit Torquat fortuné,
De vous deux ayant pris une haute naiſſance,
Tendant ſes petits bras, montre qu'il eſt bien né,
Qu'il faſſe un doux ſouris au grand Torquat ſon Pere,
Et que d'un œil d'amour, il regarde ſa Mere.
Qu'il ſoit tout ſemblable à Manlie,
Et qu'il ſoit facile de voir,
Qu'il eſt venu de luy, gloire de l'Italie:
Que ſon bon naturel l'attache à ſon devoir:
Que ſon charmant viſage ait auſſi de ſa Mere,
Les traits, la beauté rare, & le doux caractere.
Que de cette Mere, la grace,
La voix, l'eſprit, & les vertus,
Prouvent à tout le monde, & l'honneur de ſa race,
Et ſa haute nobleſſe, & ſes rangs debatus;
Ainſi que Penelope acquit beaucoup de gloire
A ſon fils Telemaque honorant ſa memoire.
Fermez la porte, aimables Filles,
N'avons-nous pas aſſez joüé?
Mais vous, couple d'Amans, luſtre de vos Familles,
Vivez, vivez heureux dans voſtre eſtat loüé:
Et vous rendant tous deux des faveurs mutuelles,
Employez vos beaux beaux iours en douceurs éternelles.

AVTRE CHANT NVPTIAL. 63.

Vesper adest. &c. v. 65.

VESPER déja paroist, mes Compagnons, debout,
Ieunesse, levez-vous, jettez les yeux par tout:
Vesper découvre au Ciel son aimable lumiere,
Il faut quitter la Table & franchir la carriere;
L'Etoile est sur le point d'arriver en ces lieux,
Et chacun se prepare à reverer les Dieux.
On chante l'Hymenée: Hymen, ô Hymenée,
Vostre excellent pouvoir doit finir la iournée.

Filles à marier, voyez les Ieunes gens,
Allez au devant d'eux, ô qu'ils sont diligens!
Allez, depeschez-vous: l'Estoile qui devance
Les Flambeaux de la nuit, se leve en diligence,
Toute humide qu'elle est du fecond Ocean:
La voilà, je la voy, plus belle que Titan.
En gayeté ceux-cy se levent de la table,
Ils ont quelque dessein, ô troupe delectable.
Ce n'est pas sans sujet qu'ils sont partis ainsi,
Et qu'ils ont pris le soin de se lever aussi:
Ils vont chanter les Vers de vostre Destinée,
Essayant de nous vaincre en disant l'Hymenée.

De gagner la victoire il n'est pas bien aisé,
Voyez, mes Compagnons, comme on s'est abusé:
Si les Filles, qui sont à marier, s'appliquent
Aux choses qu'elles font, quand elles nous repliquent?
Ce n'est pas pour neant, elles ont dans le cœur
Vn dessein qui pourroit s'opposer au vainqueur.
Nos Ames cependant sont ailleurs dissipées,
Et nos oreilles sont autre-part occupées.
Nous serons donc vaincus, ce sera iustement:
Pour gagner la victoire, on agit fortement.
Mais faites auiourd'huy que nos Esprits s'unissent.
Les Filles de concert leurs desseins accomplissent,

Elles vont commencer, il ſera bon auſſi
Que vous ſoyez tout preſts à leur répondre ainſi.
Que nous ſommes heureux ! ô la belle journée !
O Hymen Hymenée, Hymen, ô Hymenée.

Heſper, eſt-il au Ciel quelque feu plus cruel
Que le tien, qui ravis pour l'ardeur d'un Mortel
Une Fille pudique au doux ſein de ſa Mere
Qui la retient preſſée en ſa douleur amere :
Et puis de la donner, toute chaſte qu'elle eſt,
A l'ardeur d'un Amant qui veut ce qui luy plaiſt ?
Que feroient apres tout de plus impitoyable
Dans une Ville priſe, où tout eſt déplorable,
Des Ennemis jurez à qui tout eſt permis,
Sans épargner Enfans, Filles, Vieillards, Amis ?
Quelle peine peut eſtre au monde imaginée,
Plus grande que la noſtre, Hymen, ô Hymenée ?

Heſper, eſt-il au Ciel un feu plus gratieux
Que le tien, confirmant les liens glorieux
Des mariages ſaints par ta flâme honorable
Ce que font les Amants par un traité loüable ?
Les Parens les premiers ont cét accord promis :
Et ne ſe joignent point que de tes faux amis,
Dans le Ciel étoilé, leur ardeur ne pareſſe,
Pour marquer en ce jour la joye & l'allegreſſe.
Que nous pourroient les Dieux donner de plus grand prix
Qu'un jour ſi ſouhaitable, où tous biens ſont compris ?
Que nous ſommes contens ! ô la belle journée !
O Hymen Hymenée, Hymen, ô Hymenée.

Heſper a donc ravi ma Compagne, ô rigueur !
Ie le dis hardiment ; j'en ay bien mal au cœur.
Si-toſt que dans le Ciel chacun te voit pareſtre,
La Garde veille au Camp, & ſe fait reconneſtre :
Les Larrons vont chercher les ombres de la nuit :
Mais ayant de ton nom fait échange ſans bruit,

Retournant sur tes pas, souvent tu les attrapes [pes.
Aux lieux mesmes qu'on sçait qu'à grãds coups tu les frap-
C'est ainsi que te font des reproches amers
Des Filles qu'on destine à des Maris couverts ;
Si d'autres t'en faisoient en toute la journée,
Que seroit-ce, ô Hymen, Hymenée, Hymenée.

Comme une belle fleur dans un jardin fermé,
Elevée, inconnuë au bestail affamé,
Qui n'a point éprouvé le tranchant de la Beiche
Qu'un doux vent réjoüit, & que rien ne desseiche,
Que le Soleil anime, & que l'onde nourrit,
Qu'un terroir excellent entretient & meurit ;
Les Garçons ont grand peur que d'autres la d esirent,
Plusieurs Filles aussi pour sa beauté soûpirent ;
Mais dés-lors qu'on la prend, & que son vif éclat
Est seulement touché d'un ongle delicat,
Aussi-tost les Garçons penseroient faire un crime,
Si pour elle ils avoient encore quelque estime.
La Fille luy ressemble : il en est tout ainsi,
Quand elle est toute pure, on en a du souci :
Elle serre les Cœurs d'une agreable étreinte,
Mais lors que sa pudeur a receu quelque atteinte,
Que la moindre faveur, la moindre privauté,
Ont fait un attentat contre sa pureté,
On l'a tient à mépris, & n'est plus estimée
De Proches, ni d'Amis, Hymen, ô Hymenée.

Comme une Vigne naist toute seule en un Champ,
Ne s'éleve jamais, ne va point s'épanchant,
Ne porte aussi jamais de raisin delectable ;
Mais abaissant son tronc sous le poids qui l'accable,
Et qui le fait ramper, il n'est ni Vigneron,
Ni gens qui prennent soin de son Sep ou Bourgeon :
Que si par avanture à quelque Orme on l'assemble,
Tout le monde en fait cas, on les marie ensemble.

La Fille en est de mesme, & leur sort est égal :
Ils éprouvent ainsi le lien conjugal.
Quand elle se conserve, & qu'elle est solitaire,
On s'engage pour elle, on tâche de luy plaire,
Et celuy qui l'a prend en qualité d'Epoux,
Dans sa possession n'a rien qui ne soit doux;
Sa Mere qui l'a void si sage, & si bien née,
Dit plus de mille fois, Hymen, ô Hymenée.

Pour vous, Fille pudique, avec un tel Epoux,
Gardez-vous de combattre; il est digne de vous,
Sans mentir le combat est pour vous delectable.
C'est le Pere avisé, qui vous jugeant sortable,
Vous a mise au pouvoir de ce Cœur genereux,
Qui pour vostre merite avoit fait mille vœux.
C'est le Pere luy-mesme avecque vostre Mere:
Il leur faut obeïr, afin que tout prospere.
Vostre Virginité se divise entre tous,
Elle est pour vos Parens, aussi-bien que pour vous:
Une troisiéme part est deuë à vostre Pere,
Une troisiéme encore appartient à la Mere:
Une troisiéme part vous appartient aussi,
Il ne faut pas à deux faire la guerre ainsi:
Et vostre part au Gendre est entiere donnée,
O Hymen, Hymenée, ô Hymen, Hymenée.

DE BERECYNTHIE ET D'ATYS. 64.

Super alta vectus Atys. 93.

SUR un vaisseau leger de voiles & de rames
Athys en haute Mer épris de vives flâmes,
S'impatienta d'estre où le bois Phrygien
Exigeoit sa presence avec son entretien:
Il entra dans ses forts couverts d'épais feüillages,
Où l'on rendoit honneur, à l'ombre des bocages,
A la grande Déesse, à Cybile en maints lieux
Reine de ces Forests dans un sejour pieux.

Là,

Là, se trouvant saisi d'une fureur extresme,
Et troublé d'une rage insensée en luy-mesme,
Il se couppa soudain du tranchant d'un caillou
Le fardeau qu'il portoit au dessus du genou.
Mais dés qu'il eut senti, sans leur vigueur premiere,
Ses membres affoiblis d'une attainte meurtriere,
Ayant rougi la terre où s'écouloit son sang,
De ses deux mains de neige, * elle prit en son rang,
Et le tambour leger, & la claire trompette,
Et ce qui peut servir aux tons qu'elle repette
Dans la ceremonie, où l'on frappe des doigts
Le parchemin tendu qui retentit aux bois,
Tous les jours dediez en l'honneur de Cibele
Mere des Immortels, comme elle est immortelle.
Atys commença donc de s'exprimer ainsi
Et leur dit en tremblant, sans marquer de souci;
Courage sainte Troupe, à Cibele Prestresses,
Allez toutes ensemble où s'offrent ces addresses,
Dans les bocages saints qui luy sont dediez.
Allez-y tous aussi comme gens conviez,
Saints Troupeaux vagabonds que la Deesse estime,
Reine de ces Deserts, Princesse de Dindyme:
Vous qui cherchez ailleurs en Païs étrangers,
Comme des gens bannis des secours passagers.
Vous m'avez voulu suivre en ces lieux, mes Compagnes,
Vous avez fait sous moy plusieurs rudes Campagnes:
Vous avez enduré la marine & les flots,
Qui peuvent étonner les meilleurs Matelots.
Par le cruel courroux de Venus, par sa haine
Vostre vigueur n'a pû se soustraire à la peine.
Mais réjoüissez-vous, chassant l'illusion
De ce qui trouble en vous l'imagination.
Que tout retardement, qui la lenteur suggere,
S'écarte loin de vous celebrant ce Mystere.
Venez avecque moy jusques aux bois connus
En Phrygie où Cibele a nos cœurs prevenus,

* Il parle desormais d'Atys comme d'une femme.

H

Où l'on entend le ſon des Cymbales bruyantes,
Et le bruit des Tambours & des Trompes ſonnantes.
Où le Phrygien jouë avec le Chalumeau,
Et la Fluſte à deux trous, qui fait un ſon ſi beau.
Où les Menades ont des Chapeaux de lierre,
S'agittant bruſquement & ſe jettant par terre :
Et puis ſe relevant comme ſur des Vaincus,
Elles pouſſent en l'air des hurlements aigus.
La vagabonde Troupe a coûtume de ſuivre
La Deeſſe en courant & battant ſur le Cuivre.
En dançant allons-y precipitant nos pas,
Haſtons nos mouvements pour ne les manquer pas.
Atys devenu femme avecque ſes Compagnes,
Chantoit ces choſes-là traverſant les montagnes,
Et ſa ſuitte agitée en ſes divins tranſports,
Hurloit plûtoſt des airs qu'elle ne chantoit lors.
Le Tambour retentit ſous ſa voix tremblotante,
Et la creuſe Cymbale on oit de loin ſonnante.
La Troupe bondiſſante exerçant maints travaux,
Sans peine toutesfois monte ſur les coſtaux.
Atys eſt furieuſe, on l'a voit hors d'haleine,
Son eſprit emporté leur ſert de Capitaine.
Elle marche à leur teſte, & frappe ſon tambour
Au travers du bocage où l'on oit un bruit ſour.
Tout ainſi que l'on void une Vache indomptée
Qui ne veut pas ſubir le joug qui l'a tentée.
Les Preſtreſſes apres d'un pas precipité
L'a ſuivent ſe troublant par leur activité.
Enfin ayant attaint le ſejour de Cibele,
Apres grande fatigue & trouble de cervelle
Le ſommeil les ſaiſit acauſe du travail,
Dont il ſeroit trop long de faire le detail.
Leurs yeux appeſantis fermerent leurs paupieres,
Et leurs eſprits troublez perdirent leurs lumieres.
Mais, dés que le Soleil avec ſes cheveux d'or,
De ſes yeux rayonnants, ſa gloire & ſon treſor,

Eut parcouru du Ciel & la plage etherée,
Et la terre ſolide, & le ſein de Nerée,
Ayant chaſſé des airs les ombres de la nuict,
Par ſes chevaux ardents qui s'avancent ſans bruit,
Le ſommeil quitte Atys qui de ſon lict ſe leve,
Et s'eſtant reconnu ſoudain, ſa courſe acheve.
Paſithée à l'inſtant le receut en ſon ſein,
Nymphe, qui pour luy ſeul conceut tant de deſſein.
Ainſi la vehemente Atys n'eut plus de rage:
Sortant de ſon repos, elle reprend courage:
Tout ce qu'elle avoit dit luy revient en l'eſprit
Elle voit clairement l'abus qui la pourſuit,
Quand s'eſtant affoiblie elle s'eſtoit coupée,
Et dans quelle Province on l'avoit detrompée,
Enfin d'un cœur boüillant elle ſe reſolut,
De retourner chercher ſur ſes pas, ſon ſalut.
Et d'un œil éploré regardant la Mer vaſte,
Voicy ce qu'elle dit dans un ſi grand contraſte,
A ſa chere Patrie, hauſſant un peu ſa voix
Marquant & ſon regret, & ſa plainte à la fois.
  Patrie à qui je dois ma premiere naiſſance,
Que l'on me fit quitter trompant mon innocence,
Comme un captif fuyant le rigoureux pouvoir
D'un Maiſtre qui le veut reduire en ſon devoir,
Pour m'en aller aux bois d'un Mont parmi les neiges,
Et des repaires froids où l'on dreſſe des pieges,
En quel endroit pourrai-je un jour voir mon païs,
Si je le puis trouver dans ces champs envahis?
Que là donc ſes regards ſur toy mon œil arreſte,
N'eſtant plus tranſporté qu'à le voir il s'appreſte.
Serai-je donc touſiours dans ces ſombres foreſts
Eloigné de chez moy, de mes biens, de mes rets?
De mes Amis cheris, de ma douce Patrie?
Et ſa gloire pour moy ſera-t-elle fleſtrie?
Ne reverrai-je plus la place, les contours
De noſtre aimable Ville, & ſes murs & ſes tours?

La Palestre, le Stade, & la place publique?
Celle des actions, & celle du Portique?
Ha! malheureux esprit, quel grand sujet as-tu
De te plaindre si haut? De rester sans vertu?
Quelle forme apres tout n'ai-je point empruntée?
Je suis adolescent & femme rebutée.
Ie suis sans barbe encore, & ne suis qu'un Enfant,
Fleur de l'Academie où chacun me defend,
L'ornement de la place où se fait l'exercice
De ceux qui tirent l'arc, ou qui courent en lice.
On me faisoit aussi des visites souvent.
On ornoit ma maison de bouquets par devant.
De couronnes de fleurs, elle estoit decorée.
Je ne sortois jamais de ma chambre parée,
Que le Soleil ne fust sur l'horison levé,
Et que je ne me fusse en quelque baing lavé.
Serai-je desormais appellé l'officiere
De Cibele & des Dieux me prettant la lumiere?
Serai-je leur servante? Et ne serai-je encor
Qu'une fole Menade émuë au son du cor?
Vn homme effeminé, de moy-mesme partie,
Pour un mauvais usage, en tout sens pervertie?
Faudra-t-il que j'habite en des lieux découvers
Ou sur le Mont Ida sejour des longs hivers?
Ou dans d'autres endroits revétus de verdure
D'où les charmants Zephyrs éloignent la froidure?
Où les Bisches paissant habitent les forests,
Et les Sangliers par tout rompent épieux & rets?
Passerai-je ma vie au pied de ces Montagnes?
Ha! que j'ai de regret de toutes mes Campagnes!
Quand le son de sa voix, de sa bouche eut passé,
Par ses lévres de rose, en naissant effacé,
Aux oreilles des Dieux portant choses nouvelles,
Cibele deliant ses Lions prompts sans aîles,
Comme elle aiguillonnoit l'ennemi des troupeaux
Attellé sur la gauche entouré de drapeaux,

Et le ſerrant de prés ; Courage, luy dit-elle,
Animal fier & doux à ta Reine fidelle,
Fai que de ta fureur celuy-cy ſoit attaint :
Qu'il retourne aux foreſts où ſon nom ſera craint.
Anime ton courroux te frappant de la queuë :
Que tous les lieux d'icy, loin de la vague bleuë,
Retentiſſent autour de ton fremiſſement,
Et le poil de ton col ſecouë en t'allumant.
De ſon air menaçant Cibele dit ces choſes,
Et dénoüer le joug au Lion pour cent cauſes.
Le farouche Animal ſoy-meſme s'excitant
Son courage ſe preſſe en le ſollicitant.
De ſon pié vagabond les buiſſons il renverſe :
Il bondit fremiſſant : les Rochers il traverſe.
Mais quand il eut attaint les eſpaces derniers
Du rivage deſert entouré de Peupliers,
Et qu'il y vid Atys, au bord de la Marine,
Comme un Marbre flottant ſur la vague mutine,
Il luy fit violence. Atys perdit l'eſprit,
Et ſoudain dans le bois ſa retraite il reprit.
Là, devenu Servante au reſte de ſa vie
Il vid de ce malheur ſa fortune ſuivie.
O divine Cibele, avec quelle fureur,
Sur Dindyme fais-tu reſſentir ta ferveur?
Eloigne-là de nous, ô puiſſante Déeſſe :
Jette une telle ardeur en d'autres cœurs ſans ceſſe.
Fai par d'autres ſentir dans leur émotion
Un tel emportement & telle oppreſſion.

LES NOPCES DE PELEE
ET DE THETIS.

Où il eſt auſſi parlé de celles d'Ariadne, & de Bacchus.

64. *Peliaco quondam.* &c. v. 404.

ON a dit que les Pins, qui crûrent autrefois
Si hauts ſur Pelion, qui portoit de grands bois,

Furent abandonez aux vagues de Neptune,
A la mercy des Vents, au gré de la Fortune,
Jusques où le Phasis qui tombe dans la Mer
Va confondre son onde avec le flot amer;
Quand de jeunes Heros, pour marquer leur courage,
Entreprirent de Grece, un perilleux voyage,
Pour trouver de la gloire auec un grand tresor,
Emportant avec eux la riche Toison d'Or.
Ils coururent la Mer sur un leger Navire,
Qui balloya l'azur de tout l'humide empire,
De rames de sapin si propres à voguer,
Quand on void les Nochers sur les eaux fatiguer.
La Deesse qui tient les Murs des grandes Villes,
Sous sa protection, pour les rendre tranquilles,
Fit par un doux effort, que le Voilier voloit,
(Je veux dire le corps de la Nef qui couloit
Aussi viste sur l'eau, que s'il eust eu des aisles)
Avecque de la poix resserrant ses ridelles,
Ses fentes, & le reste où l'on devoit songer,
Pour le sauver du flot qui l'eust pû submerger.

Cette Nef la premiere éprouva d'Amphitrite,
Les perils imprevûs que sa colere excite,
Si-tost qu'avec l'airain elle eut coupé le dos
De la plaine liquide & qu'on eut vû les flots
Blanchis par de l'escume estant battus de rames;
Des visages nouveaux, mais terribles, de Femmes,
Et de Monstres marins, s'esleverent soudain,
Du gouffre boüillonnant, entre-ouvert par l'airain.
Les Nereïdes Sœurs, comme un prodige virent
Le Vaisseau qui flottoit, si-tost qu'elles sortirent
A my-corps hors de l'onde, & le sein découvert:
Et les yeux des Mortels virent aussi le verd,
Qui se montroit autour des Nymphes maritimes,
En sortant de l'abysme où se noyent les crimes.

On tient qu'alors Pelée eut le cœur embrasé
Pour Thetis qui l'avoit beaucoup favorisé,

Qu'à son sujet on dit, que bien que Nymphe hautaine,
Elle prit sans dedain une alliance humaine :
Que le Pere des Dieux le voulut bien aussi,
Et Pelée à Tethis se trouva joint ainsi.
O magnanime Heros, d'une race immortelle,
Qui des Mortels un jour seras le grand Modelle.
O vertueuse Mere, en composant ces Vers,
J'imploreray souvent dans ce discours divers
Et ta protection, & celle de Pelée,
Qui fut un appuy ferme à sa terre appellée
Du nom de Thessalie, & jamais debatu
Par les prosperitez de sa haute vertu.
Il a pû meriter sa sublime alliance,
Qu'eust voulu Jupiter pour sa grande puissance.
Mais le Pere des Dieux ceda lors ses amours
Au bien-heureux Pelée en la fleur de ses jours.
La nouvelle Thetis n'est-elle pas ravie,
D'avoir acquis pour elle une si belle vie ?
De la grande Tethis n'a-t-elle pas permis
Que tu fusses son Gendre entre tous ses Amis ?
L'Ocean son Ayeul, qui l'Univers embrasse,
N'a-t-il pas consenti qu'on te fist cette grace ?
QUAND les jours desirez furent enfin venus,
Toute la Thessalie & ses Peuples connus,
S'assemblent au Palais, où l'on porta la joye
Avecque les presents, d'or, de pourpre & de soye.
On abandonne Scyre : &, des bords de Tempé
Et de Phtie, & d'ailleurs, chacun s'est échappé.
On void par tout, des Grecs les maisons desertées,
Aussi-bien que Larisse & les Tours écartées.
On se presse à partir, & tout le monde court
A Pharsale, où l'on sçait que chacun fait sa Cour.
Si bien que la Campagne en fut abandonnée :
On negligea ses soins sans estre façonnée,
Les Bœufs ne furent plus endurcis au travail :
La Vigne fut laissée à manger au Betail,

La Serpe ne fit plus diminuer l'ombrage ,
Essartant des Fruitiers le bois & le feüillage.
On ne vid plus le soc écorcher les guerets
Pour porter les moissons de la riche Ceres.
CEPENDANT la Maison de l'illustre Pelée,
De toutes parts éclatte, & se trouve meublée,
Par la magnificence en ses appartemens.
Tout y reluit sous l'or dans les grands bastimens.
Là, l'yvoire blanchit sous les sieges superbes :
Il s'y void sous les pieds comme les basses herbes :
Les Vases somptueux y brillent fortement,
Sur les riches Buffets, pour servir d'ornement.
L'opulente Maison ainsi par tout se pare,
De ce qu'on eust pû voir chez les Rois de plus rare.
Dans l'auguste Palais, l'appartement Royal,
Y fut exprés choisi pour le lict Nuptial.
Cet admirable lict de la grande Deesse,
Où toute chose éclate avec la politesse,
Fut dressé sur les dents du plus rare Elephant,
Qu'eust amené de l'Inde un Guerrier triomphant.
Il estoit enrichy d'une ample couverture
D'une pourpre marine, où l'Art & la Nature
Avoient representé par diverses couleurs,
Des Animaux, des Bois, des Hommes, & des Fleurs.
Mais sur tout les Heros, qui dans l'antique histoire,
Ont conservé leur nom apres beaucoup de gloire.
Au rivage de Die, Ariadne on voyoit
Qui regardoit la Mer & sans cesse crioit
Se trouvant par Thesée en cette Isle deserte,
Laissée au desespoir n'attendant que sa perte,
Le regardant aussi dans un Vaisseau leger,
Pour sa fuite équippé venant de déloger.
Elle portoit au cœur des fureurs indomptées,
Ne pouvant exprimer ses peines meritées,
Depuis qu'elle eut quitté le repos du sommeil,
Et qu'elle eut reconnu son mal par son réveil.

A

A peine se put-elle assez bien reconnestre,
Quand elle vid de loin son Epoux disparestre.
Cependant on l'oublie, & le jeune homme fuit,
Abandonnant aux Vents sa foy qui le poursuit.
La Fille de Minos, à l'instant éplorée,
Le voyoit en criant comme une évaporée:
Elle le regardoit, flottante qu'elle estoit,
Dans une mer d'ennuis qui son cœur agitoit,
L'a mit hors d'elle-mesme, & l'affligea de sorte,
Qu'elle parut d'abord une personne morte,
Sans lier ses cheveux, ny sans couvrir son sein,
Parce que tout estoit contraire à son dessein,
Ce qui de ses habits échapoit autour d'elle,
Estoit baigné de flots, detestant l'Infidelle;
Mais sans se soucier de tous ses vestemens,
Et de sa belle jupe, & de ses ornemens,
Elle ne regardoit que toy seul, ô Thesée,
Qui l'a nommois ton ame & l'avois abusée.
Ah! quel tourment cruel des plus durs Ennemis!
La divine Erycine a-t-elle en ton cœur mis
Tant de deüil, tant d'ennuits, de soûpirs & de larmes!
THESE'E impitoyable, en qui sont tant de charmes,
A Pyrée embarqué sur ses bords tortueux,
Vint aborder en Crete au Palais somptueux
De son superbe Roy, qui touché de sa mine,
Apres l'avoir oüi, le receut à Gortyne.
Car on dit qu'autrefois pour la punition
Du meurtre d'Androgée, (effroyable action!)
Athenes qui souffrit, à cause de son crime,
Vne peste cruelle, eut besoin de victime,
Afin de la guerir, ayant accoûtumé
D'envoyer tous les ans pour un Monstre affamé,
Et servir de repas au cruel Minotaure,
Des Garçons qu'on prenoit, & des Filles encore:
Mais Thesée aima mieux s'exposer au danger
De perir pour sa Ville ou de l'a dégager

De cette tyrannie, & servitude horrible,
Que de l'a voir toûjours en crainte si terrible.
Ainsi s'estant muny d'un excellent Vaisseau,
Et s'estant embarqué par un bon Vent sur l'eau,
Il se vint presenter à Minos magnanime,
Entra dans son Palais qui luy parut sublime.

LA Princesse qui vid qu'il estoit genereux,
L'envisageant d'abord d'un regard amoureux:
Vn chaste lict l'avoit, tendrement élevée,
Dans les embrassemens d'une Mere éprouvée;
Comme aux rives d'Eurote, on voit croistre souvent
Les Myrthes agitez doucement par le Vent:
Ou comme le Printemps qui d'une haleine douce,
Quand il en est émeu, des fleurs diverses pousse.
Elle ne pût pourtant détourner ses beaux yeux
D'un Prince si bien fait, de la race des Dieux:
Elle en conceut aussi jusques au fond de l'ame
Et dans le fond du cœur une amoureuse flâme.

Toy qui mesles la joye avecque les soucis,
Enfant, qui sçais fléchir les cœurs plus endurcis;
Et toy, belle Venus, qui tiens en ta puissance
Idalie où se voit la bonne intelligence;
De quels flots avez-vous inquieté l'esprit
D'une Fille éperduë où l'amour se méprit,
Pour un jeune Estranger en soûpirant sans cesse?
Elle admiroit son port, sa grace & son addresse.
Helas! de quelle crainte à sa confusion
Se trouva-t-elle émuë à son occasion?
Combien de fois sans pouls est-elle devenuë,
Pour la peur du combat qui luy troubloit la veuë,
Quand le jeune Guerrier souhaittoit ou la mort,
Ou le prix de la gloire en faisant un effort?

ARIADNE tandis promettoit des offrandes,
Et faisoit en esprit des devotions grandes.
Sans proferer un mot, elle prioit les Dieux:
Et souvent à leur Temple, elle appendoit des vœux.

Ainſi qu'un tourbillon qui fait plier un Cheſne,
Ou qui ſecouë un Pin, ou qui tourmente un Freſne :
Il le renverſe enfin de ſon ſouffle orageux,
L'Arbre arraché tombant, froiſſe aux lieux ombrageux,
Tout ce qui ſe rencontre, ou luy fait reſiſtance,
Sans pouvoir ſoûtenir ſa grande violence.
Ainſi Theſée apres que d'un bras indompté,
Le Monſtre impitoyable eut ſi bien ſurmonté,
Qu'il vainquit ſon orgueil, l'abbatit ſous les herbes,
(Il ſe glorifioit de ſes cornes ſuperbes)
Et quand il eut acquis l'honneur de ce combat,
Il revint ſur ſes pas apres un grand débat.
Dans un chemin confus où luy ſervit de guide
Certain fil délié qui déméle le vuide,
Pour le débarraſſer des étranges centiers,
Qui ſe coupent cent fois, & ſont toûjours entiers,
Où s'eſtant égaré, jamais ſon induſtrie,
N'euſt pû le ramener au ſein de ſa Patrie.

Mais puiſque j'ay quitté l'ordre de mon diſcours,
Que puis-je dire encore au ſujet des amours
De la belle Ariadne en plaignant ſa miſere ?
Une Fille comme elle abandonne ſon Pere,
Elle quitte ſa Mere, elle quitte ſa Sœur,
Ozant bien preferer une fauſſe douceur
A la tendre amitié de ſes Parens plus proches.
Un Navire inconnu l'aborde dans des Roches,
Où Die offre à la Mer ſon bord imperieux.
Là, de ſes grands deſſeins ſon Epoux oublieux,
Aſſoupie en dormant, ſans regret l'a quittée.
On dit que cette Dame en ſon cœur dépitée,
Pour marquer ſa douleur & plaindre ſes amours,
D'une voix bien diſtincte en fit un tel diſcours.

Tu m'abandonnes ſeule ainſi ſur ce rivage,
Aprés m'avoir menée en cette Iſle ſauvage !
Aprés m'avoir ravie à mon pere excellent !
Ha perfide Theſée ! Eſt-on ſi violent !

Eſt-ce ainſi que l'on tient tant de belles promeſſes,
En mépriſant les Dieux & toutes les Déeſſes !
Tant de ſerments ſont-ils pour les deshonorer,
N'ont-ils eſté formez que pour nous devorer ?
Rien n'a-t-il pû changer ton étrange penſée ?
Nulle pitié fléchir ta rigueur inſenſée !
Ha ! ce ne ſont pas là ces effets obligeans,
Puiſque tes vœux pour moy ſe trouvent ſi changeants ?
On me diſſimuloit ſon naturel barbare,
Me faiſant eſperer une conſtance rare !
Que nous ſerions unis par le ſacré lien,
Que tu ſerois mon tout, ma gloire & mon ſoûtien.
Toutes ces choſes-là ſe ſont évanoüies :
Et tes déportemens ſont choſes inoüies.
Nulle Fille aujourd'huy ne ſe peut plus fier,
A quiconque luy dit qu'il eſt ſon Chevalier.
Il n'y faut plus penſer aucun n'eſt veritable,
Pas un ſeul deſormais ne doit eſtre croyable ;
S'ils ſouhaitent un bien ſi paſſionnément,
Ils ne craignent jamais de faire un faux ſerment.
Mais ont-ils accompli leur paſſion brutale ?
Ils n'apprehendent plus de faire de ſcandale.
Du precipice horrible où l'on te vid tomber,
Sans moy qui te ſoûtins, tu devois ſuccomber.
Pour toy ſeul j'aimai mieux faire perir mon Frere ,
Que de manquer de foy en ſauvant un Fauſſaire :
Mais je me ſuis livrée en luy donnant ma foy
Aux Oiſeaux carnaciers qui me font de l'effroy.
Mon corps ſera privé dans cette conjoncture,
De recevoir l'honneur de quelque ſepulture.
Quelle Lyonne fiere a pû te mettre au jour ?
Sous une Roche dure, avec ſi peu d'amour ?
Quoy : la Mer t'a vomi de ſa Vague écumeuſe !
Vne Scyle abboyante, ou quelque Syrthe affreuſe !
La Charybde enragée à ſon corps enfanté,
Puis qu'il eſt ſi cruel que de s'eſtre abſenté.

Si tu ne voulois pas me tenir pour Epouse,
Craignant que je ne fusse importune ou jalouse,
Ou si tu detestois les Loix de nostre Ayeul,
Tu pouvois bien au moins m'emmener chez toy seul,
Ou je n'aurois pas eu beaucoup de repugnance,
De te marquer en tout mon humble obeïssance:
De nettoyer aussi les traces de tes pas,
Sans crainte de soüiller ni mes mains ni mes bras.
Mais pourquoi fais-je icy des plaintes inutiles?
Les Vents n'entendent pas mes soûpirs imbeciles:
Ils sont sans sentiment, sans me pouvoir oüir,
Ni me dire un seul mot dont je puisse joüir.
Luy cependant avance au milieu de sa course,
Et mon deüil déplorable, est un deüil sans ressource.
Sur la rive deserte on n'oit qui que ce soit,
'Ainsi rien ne m'écoute, & nul ne me connoit.
Plust à Dieu que chez nous les Navires d'Athenes,
N'eussent pas amené des Ames si hautaines!
Que le Nocher perfide apportant son tribut,
Pour le fier Minotaure eust eu quelqu'autre but:
Ou que cet Etranger cachant ses entreprises,
Sous un visage doux eust fait moins de surprises:
Qu'il ne fust point venu chez mon pere Minos,
Pour y venir ainsi troubler nostre repos!
Helas! où puis-je aller? A quoy suis-je reduite?
Où sera mon attente? Et qu'est-ce que merite
Une Femme perduë, à qui tout est perdu,
Pere, Royaume, Honneur, Espoir mal attendu?
Irai-je d'où je viens? la Mer impitoyable
M'en separe aussi-tost par un gouffre effroyable.
Je n'y puis donc penser: Mais quand je le pourrois,
Seroit-ce de mon Pere en qui j'espererois?
Car l'ayant offensé, j'ai suivi d'un jeune homme
L'insolence inhumaine où mon deüil se consomme.
Me puis-je consoler par mon fidelle Epoux!
Ne fait-il pas courber ses rames en courroux?

M'éloignerai-je aussi de ce triste rivage ?
L'Isle ne m'offre point de couvert davantage ;
Point aussi de sortie, ayant de tous costez
Une mer dangereuse, & des flots irritez.
Je ne voy point de jour pour m'attendre à la fuite.
Tout espoir m'est osté, toute voye interdite.
Il ne faut pas pourtant que je perde les yeux,
Avant que d'implorer la justice des Dieux :
Et qu'au Ciel je demande, en mon heure derniere,
Le secours qu'il accorde à la juste priere.
Eumenides, Fureurs de l'Enfer tenebreux,
Qui punissez les maux & les crimes nombreux :
A qui le front rempli de cheveux de vipere,
Presage le venin d'un cœur qui desespere :
Venez icy, venez, au fort de mes tourmens,
Entendez mes soûpirs en ces tristes momens.
Helas ! je suis reduite à l'extréme misere :
La fureur me possede en ma douleur amere :
Comme tous mes soûpirs ne sont point moderez,
Que mes regrets en vain ne soient point proferez ;
Mais dans le mesme esprit que l'inhumain Thesée,
M'abandonne icy seule, il m'avoit abusée.
Que sa propre conduite, ô Deesses, luy soit
Funeste également comme à l'œil qui le voit.

APRES qu'elle eut poussé ses plaintes assez fortes,
D'un sein que la douleur opprimoit en cent sortes,
Demandant la vengeance en son grand déplaisir,
Pour l'outrage cruel qui la venoit saisir :
Le Roy des Dieux l'oüit, sa puissance invincible,
En fit trembler la Terre, & l'Ocean terrible :
Les Astres flamboyans s'en trouverent émus :
Thesée aussi de sens & d'esprit fut perclus,
Et s'estant oublié des ordres de son Pere,
De luy mettre un signal de son retour prospere,
Faisant sur son Navire arborer l'étendard,
Qui marque la douceur, mais il y pensa tard,

Sans l'avoir élevé : car on a dit qu'Egée,
Congediant ſon Fils dans ſa Nef degagée,
Quand il quitta ſes murs pour s'embarquer en mer,
Le tenant embraſſé dans ſon départ amer;
O Mon Fils, luy dit-il, mon Fils que je préfere
Aux ſoucis de la vie & pour qui ſeul j'eſpere;
Mais que je ſuis contraint apres tout d'expoſer
A des perils connus ſans y rien oppoſer;
M'ayant eſté rendu ſur la fin de mon âge,
En ma grande vieilleſſe avec un bon préſage,
Puis que mon ſort le veut, & que par ta valeur
Je ſens croiſtre en mon Ame une extréme douleur,
Te ſeparant de moi, ni ſans que ta preſence
Ait bien pû juſqu'icy reparer ton abſence.
C'eſt malgré moy, mon Fils, que je te vois partir.
Je ne puis à la joye un moment conſentir.
Ni qu'en ſortant d'icy tu me portes des marques,
Ni que j'en porte auſſi craignant le fil des Parques.
Mais d'abord, pour te faire obſerver mon ennuy,
La cendre couvrira mes cheveux aujourd'huy;
Ils ſeront ſans honneur ſous la vile pouſſiere,
Et d'un Pavillon brun, d'un violet d'Ibere,
J'obſcurcirai le Mats que ſoûtient ton vaiſſeau,
Pour exprimer mon deüil, au moins par ce drapeau.
Que ſi Minerve ſainte, en ſon ſejour d'Itone,
Qui pour noſtre maiſon a reſervé le trône,
Défend noſtre Patrie, & te donne pouvoir,
De vaincre le ſujet de noſtre deſeſpoir,
Garde en ton ſouvenir, ſi-toſt que de nos coſtes,
Tu pourras découvrir les Rives qui ſont hautes,
Tu dépendras du Mats le funeſte étendart,
Et tu mettras le blanc brillant de part en part,
Afin que te voyant du bord, je reconnoiſſe,
Si tu ſeras heureux, ou que je diſparoiſſe.
MAIS Theſée oublia ces ordres ſi précis,
Il ne s'en ſouvint plus, hors de ſon ſens raſſis,

Comme quand la nuée un sommet abandonne,
Par les souffles d'un Vent qui les plus forts étonne.
Le Pere alloit tandis sur le haut du rampart,
Pour découvrir de loin le Royal étendart;
Mais non pas sans moüiller souvent ses yeux de larmes,
Pour se sentir saisi de mortelles allarmes.
Et comme il découvrit les toiles du vaisseau,
Il se precipita de desespoir dans l'eau,
S'estant persuadé par l'enseigne brun pâle,
Que Thesée estoit mort par la rigueur fatale.
Quand il fut arrivé dans la triste maison
Il y receut un deüil, qui fit comparaison
De celuy que souffrit la royale Princesse
Delaissée en son Isle au fort de sa detresse.
ARIADNE tandis pleuroit en regardant
Le vaisseau fugitif, & rouloit cependant
En son esprit blessé des soucis sans mesure.
Mais, ô Dieux! quel bon-heur, quelle rare avanture!
Le florissant Bacchus venoit d'autre costé,
Avec sa suitte gaye en un beau jour d'Esté,
Les Satyres, les Pans, les Sylvains, les Bacchantes,
Et tout ce qui faisoit leurs dances chancelantes.
Car, de te rechercher, Ariadne en ce jour,
Son dessein estoit pris brûlant de ton amour:
L'allegresse en fut grande à tous ceux de sa suite,
Faisant voir leur humeur agreable & subite.
Ils estoient étourdis, & n'en dançoient que mieux,
Quoy qu'à les voir agir d'un air capricieux,
Ils chantoient en dançant d'une étrange maniere,
Et se lançoient la teste, en avant, en arriere,
En travers, à costé, comme si dans le champ,
Ils eussent mal compris la cadance & le chant.
Quelques-uns de ceux-là secoüoient les grands Thyrses
Entourez de lierre avec mille artifices;
D'autres, divers morceaux d'un Bouveau demembré,
Portoient avecque joye en un lieu delabré.

A

A d'autres des Serpens tenoient lieu de ceintures :
A quelques-uns aussi, qui faisoient des postures,
Des Panniers ou des Vans leurs servoient de tambours,
Allant de tous costez, & faisant mille tours,
Pour celebrer de nuit les divines Orgies,
Dont le Profane en vain parle des énergies,
Et ne comprend jamais le bruit mysterieux
Que les Ministres font pour honorer les Dieux.
Plusieurs de leurs doigts longs frapoient les castagnettes
Ou faisoient retentir l'aigre son des trompettes :
Et battant les tambours, l'on oyoit bourdonner
Un airain alongé qu'on faisoit resonner,
Avecque les Cornets d'une maniere rauque
Parmi le parchemin qu'une Menade toque :
Et la flûte barbare y bruyoit d'un faux ton,
Tandis qu'un autre icy chantoit quelque dicton.

CETTE piece excellente avecque ses figures
Couvroit tout le grand lict enrichi de dorures.
On l'avoit mise en double : & les jeunes Heros,
L'ayant bien regardée admirant ces travaux,
Quitterent de l'Epoux la noble compagnie.
Comme le vent Zephire, ému de son genie,
Quand d'une douce haleine ayant vers le matin,
Fait froncer le glacis de l'Element mutin,
Agite tant soit peu sur les plaines mobiles
Les vagues & les flots à s'émouvoir faciles,
Quand l'Aurore se leve avecque la splendeur
Du Soleil dont la terre admire la grandeur.
Du souffle gracieux estant d'abord poussées,
Elles vont en avant, & paroissent froncées.
On diroit à les voir, que sous un doux souris,
Leurs flots sont dissipez, ou qu'ils sont tous peris.
Puis à proportion que l'haleine s'augmente,
Elles brillent de loin sous la splendeur naissante.
Ainsi tous les Seigneurs s'absentent du Palais :
Et se retirant tous ils quittent le haut dais.

Des qu'ils furent sortis, Chiron des Monts antiques
S'y rendit le premier avec ses dons rustiques
Apportez des sommets que soûtient Pelion
Et des lieux opposez à la Rebellion.
Car de toutes les fleurs, qui croissent aux Campagnes
De celles que le Peuple apporte des Montagnes,
Ou qu'un doux Vent fait croistre alentour des Ruisseaux,
Il en fit des festons, & de riches faisseaux,
Dont il vint réjoüir la Maison magnifique,
Qui sentit du parfum l'odeur aromatique.
Là, se trouva Penée, & quitta de Tempé
Le vallon verdoyant de son eau detrempé,
De cette Tempé, dis-je, enceinte de Bocages,
Celebre par le bal des Nymphes des Rivages.
Ce ne fut pas pourtant sans se charger les mains
De ce qu'il trouva beau pour charmer les humains.
Des Hestres tous entiers avecque leurs racines,
Des Lauriers tousiours verds, dont il fit des fascines.
Il y joignit le Plane avec le haut Ciprés,
Et le Peuplier fameux qui croist avec excez:
La sœur de Phaëton qu'on nomme paresseuse,
Ne faisant que pleurer une gomme onctueuse.
Tous ces arbres il mit proche le grand Palais,
Pour y former autour des Bocages épais.
Promethée y survint tout de mesme à la suitte.
Sur ses membres portant la flétrisseure écrite
Du tourment qu'il souffrit, quand il fut enchaîné
Sur le Caucase affreux pour son crime obstiné.
Là, vint aussi des Dieux le Pere & le Monarque,
Sa venerable Epouse, & tout ce qui l'a marque,
Et ses divins Enfans, ne laissant dans le Ciel
Que l'éclatant Phebus, dont le cœur plein de fiel,
S'en retint à dessein avec sa sœur Diane,
Qui sur le mont Ida de Crete, où nul profane
N'oseroit approcher, se plaist pendant le jour,
Et l'a voulut choisir pour y faire sejour.

Car il eſt vrai, Phebus, que ta ſœur deſolée
Mépriſa comme toy le genereux Pelée,
Ne voulant point auſſi celebrer de Thetis
La torche Nuptiale, où ſe ſont divertis
A rendre leurs honneurs tous les Dieux de la Terre,
Et tous les Dieux du Ciel ſans ſe faire la guerre.

APRES donc que les Dieux ſe furent tous aſſis
Sur les ſieges autour des mets les plus exquis,
Les Parques ſe branlant d'un mouvement debile,
Entreprirent de faire un recit difficile.
Un long veſtement blanc de pourpre radoubé,
Envelopoit leur corps tremblotant & plombé;
De la meſme couleur des bandes ſur leur teſte
Reſſerroient leurs cheveux pour le jour de la feſte,
Elles avoient auſſi des roſes la ſenteur:
Mais avançant touſiours leur travail ſans lenteur,
Tenant de leur main gauche une quenoüille aiſée,
Par leur droite le fil augmentoit la fuſée;
Chacune le tordoit de ſes doigts renverſez,
Qui les tournant touſiours n'en eſtoient point laſſez:
Les Filandieres Sœurs tirant ainſi l'étoupe,
L'a preſſoient de leurs dents, l'une d'elles l'a coupe,
Ou chacune égaloit l'ouvrage ſuſpendu.
Puis ſur la lévre humide, on vid le fil mordu.
Des panniers à leurs pieds ſerroient la laine blanche.
Mais enfin repouſſant ces toiſons ſur la hanche,
De voix intelligible au ſujet du Deſtin,
On les oüit ainſi parler dans le feſtin.

O nompareil bon-heur des Peuples d'Emathie,
Qui par ton haut merite affermis tout l'Eſtat;
Pelée a qui le Fils ſera de la partie,
Ecoute des trois Sœurs l'Oracle ſans debat:
Mais vous, que le Deſtin à bien agir enflâme,
Courez, fuſeaux, courez, & devuidez la trame.

L'Eſtoile de la nuict ſur le point de pareſtre,
Donnera de la joye aux liens ſouhaitez.

L'Epouse en mesme temps se fera reconnestre,
Et sera complaisante à toutes tes bontez :
Dormant à tes costez, elle sera sans blâme.
Courez, fuseaux, courez, & devuidez la trame.
L'intrepide Guerrier, qui de vous deux doit naistre,
Sera par son courage aimé de ses Amis.
Souvent dans les combats, il fera disparestre,
Par sa victoire prompte un monde d'Ennemis;
Et certes il estoit aussi prompt que la flâme.
Courez, fuseaux, courez, & devuidez la trame.
Nul Heros ne mettra sa vaillance guerriere,
A l'égal de la sienne, au moment qu'on verra
Les Fleuves Phrygiens retourner en arriere,
Quand le sang des Troyens chez eux se gonflera,
Et qu'on verra tomber les fameuses Pergames,
Courez, fuseaux, courez, & devuidez les trames.
Celles qui de leurs Fils verront les funerailles,
Parleront & souvent de leurs exploits fameux :
Elles ressentiront jusqu'aux fonds des entrailles
Un vehement regret, s'arrachant les cheveux,
Se meurtrissant le sein, & se déchirant l'ame.
Courez, fuseaux, courez, & devuidez la trame.
Comme le Moissonneur abbatant les javelles
Et pressant les épics, dépoüille tous les champs :
Sous un ardent Soleil étouffant les querelles,
Quand on void pour les bleds les Laboureurs contens.
De mesme il abbattra ceux que la gloire affame.
Courez, fuseaux, courez, & devuidez la trame.
On verra pour témoin de sa valeur guerriere,
Le Scamandre qui court dans le vaste Hellespont,
Son canal retressi par la masse meurtriere,
Pour les monceaux de Morts retiendra son cours prompt.
Il rougira de sang par le massacre infame.
Courez, fuseaux, courez, & devuidez la trame.
Une Vierge captive à la mort destinée
Le pourra témoigner sans crainte de changer,

Quand sur un grand bûcher, la vengeance obstinée
Poussera son beau corps, pour Achile vanger :
Et qu'on fera perir par le fer cette Dame.
Courez, fuseaux, courez, & devuidez la trame.

Quand les Grecs fatiguez détruiront de Neptune
L'Ouvrage merveilleux renversant les Troyens,
Les Pergames, les Tours, le Trône, la Fortune,
Ils détruiront l'orgueil des Peuples Phrygiens.
Du sang de Polixene, ils rougiront leur lame.
Courez, fuseaux, courez, & devuidez la trame.

Faites le necessaire, & que d'un amour tendre,
Vos cœurs soient bien unis, illustre & grand Epoux.
Accueille la Deesse estant devenu Gendre
De l'antique Tethis, dont l'esprit est si doux.
Que la nouvelle Epouse y porte le dictame.
Courez, fuseaux, courez, & devuidez la trame.

Demain d'assez bonne heure on verra sa nourrice
L'a venant visiter, luy donner le bon-jour :
Du mesme fil qu'hier son col sans artifice,
Ne pourra se lier au sujet de l'amour.
Ce fil est desormais trop court pour cette Femme.
Courez, fuseaux, courez, & devuidez la trame.

La Mere de l'Epouse est sans inquietude,
Que sa divine Fille ait avec son Mary
Quelque mauvais ménage ; elle sçait qu'elle élude
Tout ce qui pourroit faire un Amant favori ;
Et s'attend de luy voir des Enfans sans diffame.
Courez, fuseaux, courez, & devuidez la trame.

Les Parques autrefois chanterent ces beaux Vers,
Par un divin presage à des Peuples divers.
Du bon-heur de Pelée & de son alliance,
Autrefois les grands Dieux de leur sainte presence
Honoroient les Maisons, qui par leur pieté,
Acqueroient de l'estime, & de la pureté.
Ils se trouvoient souvent parmy les assemblées
Quand elles n'estoient point par les vices troublées.

Le ſouverain des Dieux, aux jours plus ſolemnels,
Aſſiſtant dans le Temple aux feſtins annuels,
Regardoit mille Chars qui couroient dans la plaine,
A qui des jeux de prix ſurmonteroit la peine:
Les Bacchantes ſouvent en cheveux dénoüez,
Des ſommets de Parnaſſe, où les Dieux enjoüez,
Qui poſſedoient leur teſte, eſtoient ſi forts pouſſées,
Qu'elles ne pouvoient pas n'eſtre point inſenſées;
Quand le Peuple Delphique empreſſé de ſortir,
Pour recevoir le Dieu le faiſoit preſſentir,
Par des preſents offerts, & le ſang des Victimes,
Qui marquent le devoir pour effacer les crimes.
Mars ſe trouvoit ſouvent dans les fameux combats:
De la guerre ſanglante, il faiſoit ſes ébats:
Et ſouvent de Triton l'excellente maiſtreſſe,
La Vierge Rhamnſie, ou quelqu'autre en la preſſe,
Exhortoit en perſonne allant de rang en rang
Les troupes des Soldats pour répandre leur ſang.
Mais depuis que la terre enfin ſe fut ſoüillée,
La Juſtice on a vû par le Tort violée;
Les Freres ont rougi leurs mains du ſang verſé
De leurs Freres germains, & du Fils traverſé,
Pour ſe voir inſenſible à la mort de ſa Mere.
Vn Pere a ſouhaitté dans ſa douleur amere,
De voir perir ſon Fils, le croyant emporté
Contre le ſaint devoir dont il s'eſt écarté.
Quand une Mere impie à ſon Fils s'eſt ſoumiſe,
Elle craint peu des Dieux le ſaint nom que l'on priſe.
Enfin le mal eſt tel violant la candeur,
Que chacun s'eſt permis ſans crainte ou ſans pudeur,
La licence effrenée, attirant ſa ruine,
Pour violer les Loix de la Bonté divine.
Et de là maintenant les Dieux ont dédaigné
De ſe trouver chez nous où le Vice a regné,
Et ſe cachent de nous, par qui tout mal foiſonne,
Sous la vive ſplendeur qui leur trône environne.

A ORTALE. *66. Et si me adsiduo. 23.*

ORTALE, j'obeïs, bien que des doctes Sœurs
La conversation me fasse des Censeurs.
M'en trouvant accablé, dés là je me retire,
Aimant bien mieux souffrir le mal que d'en médire,
Outre que ce que j'ai de force dans l'esprit
Ne sçauroit resister à ce qui me surprit
Et je ne puis aussi que chercher des excuses,
Pour ne produire plus quelques doux fruits des Muses.
Tant je me sens troublé par l'horrible malheur,
Qui me ravit mon Frere & cause ma douleur.
Car depuis peu de jours l'Onde amere qui coule
Dans le profond Canal où l'oubli vient en foule,
Moüille de mon Germain les jambes & les bras
Que Troye a vû si brave en maints & maints combats,
Et depuis l'a couvert d'une triste poussiere
Sous le bord où Rhetée éteignit sa lumiere.
Enfin, mon Frere cher, je ne te verrai plus,
Tous mes soupirs pour toy seront donc superflus!
Mais j'aimerai tousiours ton heureuse memoire
Je chanterai des Vers pour celebrer ta gloire,
Se ressentant pourtant que l'ennuy de ta mort
M'a jetté dans l'esprit pour deplorer ton sort.
Comme Progné regrette en son deüil obstinée
Du jeune Ithys meurtri la dure destinée.
Ortale, toutesfois, parmi ce deüil cuisant,
Reçoi ces Vers de moy comme un triste present;
Ils sont asseurement, sans qu'aucun en debate,
De Callimagne pris celebre Fils de Bate,
Pour te persuader que ce n'est point en vain
Que nous avons ouy ton discours sans dessein:
J'en ai le souvenir & garde tes paroles
Qui ne seront jamais dans mon esprit frivoles,
Comme un fruit envoyé par un Amant discret
A quelque jeune fille exprimant son secret,

Quand la pomme envoyée échappe de la Belle
Qui la tenoit cachée en Amante fidelle,
Des replis de sa robe elle laisse tomber
Ce qu'elle voudroit bien ravoir sans se courber,
Sur le point que sa Mere en ce moment arrive,
La pomme roule à terre, & son poids la captive
L'entrainant aussi-tost qu'une prompte rougeur
Sur son visage met le teint de la pudeur.

LA CHEVELVRE DE BERENICE. 67.

Omnia qui magni. 94.

CELUY qui du grand Monde observe les lumieres
Qui voit leurs mouvements, leurs routes coûtumieres;
Qui des Estoiles voit l'ascendant, le declin,
A quoy pendant son cours le Soleil est enclin,
Ce qui peut obscurcir sa splendeur flamboyante,
Quand la Lune à nos yeux paroist plus rayonnante,
Ou quand dans les Rochers de Latmie à son tour
Sans contrainte elle suit les charmes de l'amour.
Celuy-la (c'est Canon) souvent m'a vû reluire
Entre les feux du Ciel que nul ne peut détruire,
Chevelure coupée & d'un pris nompareil
Au chef de Berenice égalant le Soleil.
Elle estendit sur moy, cette Reine admirable,
Ses bras polis & blancs, pour me rendre adorable,
En me voüant aux Dieux, quand le Roy son mari
Ptolemée estimé des grands Dieux favori
Accru par le bon-heur d'un nouvel Hymenée
S'en alla ravager, suivant sa destinée,
Les opulents païs des Roys Assyriens,
Apres le prix conquis aux jeux veneriens.
Portant avecque soy des marques asseurées
Des riottes de nuict qu'il avoit desirées,
Enlevant, comme il fit, de la virginité
La dépoüille conquise avec dexterité.
He! bien Venus est-elle odieuse aux Epouses,
Autant qu'elle est contraire aux personnes jalouses?

Ou

Ou bien la joye est-elle illusoire aux Parents,
Quand on faint dans le lict des soûpirs aparents ?
Que là mesme souvent se répandent des larmes,
Que la fainte suscite avec de si doux charmes.
Et certes que les Dieux m'affligent sans pardon,
Si quelqu'une pleurant s'afflige tout de bon.
Ma Reine m'enseigna ces fictions aimables,
Quand son jeune Epoux fit cent choses admirables.
Mais d'estre seule au lict tu ne t'affliges pas :
Tu regrettes ton Frere avec tous ses appas.
Si bien qu'en tes ennuits, tu manques de courage
Et ton sens égaré, dans le malheur s'engage,
Bien que d'ailleurs ton cœur m'eust parut genereux
Dés que petitte fille on t'addressoit des vœux.
Comment oublirois-tu cette action si belle,
Qui t'a pû meriter une alliance telle,
Que celle d'un grand Roy pour ennoblir ton sort ?
On ne peut guere voir un augure plus fort.
Mais sans parler icy de ton Epoux illustre,
Quelles plaintes fis-tu pour te donner du lustre ?
O Dieux ! combien de fois pressas-tu de la main
Tes beaux yeux dans l'excez d'un si cuisant dedain ?
Quel est le puissant Dieu qui t'a si fort changée ?
Et dans quel changement, te vis-tu lors rangée !
Mais quels sont tes serments ou promesses aux Dieux,
Pour ton charmant Epoux dans tes soucis pieux ?
Non pas sans presenter la divine ambroisie
Pour le voir de retour du voyage d'Asie,
Afin de faire croistre avançant de droit fil
Les frontieres d'Egypte & les canaux du Nil ?
Par un nouveau present faisant des vœux extrêmes,
Je defais les premiers rendus aux Dieux suprêmes,
Pour ces affaires là, voyant que malgré moy,
On m'avoit separée & soustraite de toy.
Tout cela par l'abus d'une rude tonsure,
Luy dit en soûpirant, la belle Chevelure.

Oüi, je le maintiendrai, ce fut contre mon gré
Que je me vis descendre ainsi d'un tel degré.
Je l'ozerai jurer par ta teste Royale,
Serment que l'on ne peut violer sans scandale,
Tel qu'un parjure faux digne de chastiment.
Mais quelle force peut égaler fortement
La puissance du fer, qui penetre & renverse
Les frontieres de Phtie & l'étrange traverse,
Qui prirent autresfois ces fameux Conquerans
Quand les Medes sortis de terribles Torrens,
Vne jeunesse illustre autant qu'avantureuse,
Fit passer une flotte entreprenante, heureuse,
Conduite par les soins de ses braves Nochers,
Qui du haut Mont d'Athos percerent des Rochers?
Que feroient des Cheveux, quand des choses si dures
Cedent au fer briseur de telles avantures!
O Dieu! puisse perir celuy qui le premier
Se trouva l'Inventeur du fer & de l'acier!
Qui du commencement l'a cherché dans les veines
De la terre creusée avecque tant de peines.
Les autres tresses d'or, mes Compagnes, mes Sœurs,
Qui parmi les plaisirs, & parmi cent douceurs,
Composoient l'autre part de nostre Chevelure
Dont la Reine paroit son col par sa frisure.
Pleuroient le sort cruel qui nous vint separer
Sans songer aux moyens de nous y preparer,
Quand de Memnon je vis l'Aurore illustre Mere
Qui parut devant moy facile & debonnere,
De ses plumes peignant l'air de son coloris,
Jointe au cheval aîlé de la belle Cloris.
Dedans Arsinoé Ville du bas Empire,
Où voulant m'obliger, la femme de Zephyre
Officieuse, honneste, au bord Canopien,
Me l'avoit envoyé pour procurer mon bien,
Et me faire passer de la plage etherée
Dans le sein où nâquit la belle Citherée,

Elle m'y fit aller, afin qu'un cercle d'or
Qu'Ariadne portoit, comme un riche tresor,
Ne fust pas seul au Ciel pres de l'Astre de l'Ourse
Vn ornement exquis, qui se voit dans sa course;
Mais qu'estant comme nous, dépoüilles d'un grand cœur,
De mesme nous fissions briller nostre splendeur.
Toute humide en ce point que j'estois par mes larmes,
Partant du premier lieu que j'aimois pour ses charmes,
Pour aller de là mesme aux Temples des hauts Dieux,
La Deesse voulut m'eslever dans les Cieux
Me faisant devenir constellation neuve.
Où la Vierge se joint au Lion qui s'y treuve,
Aupres de Calisto fille de Licaon.
Vers l'Occident je tourne & je porte le nom
De guide du Cocher, qui tard se plonge à peine
Dans l'Ocean profond où son Char se promene.
Mais, bien que dans la nuit je sois des pas des Dieux
Si pressée en marchant sur la voûte des Cieux,
La lumiere du jour revenant à parestre,
Dans le sein de Thetis je viens chercher un Maistre.
O Vierge Rhamnusie avecque le respect,
Que nous devons tousiours à ton divin aspect:
Car sans dissimuler, permets-nous de le dire,
Quand tous les Astres saints dans leur sublime Empire,
Me devroient déchirer pour haïr leur splendeur,
J'ozerai découvrir ce que j'ay dans le cœur.
De l'honneur qu'on me fait, je n'ai pas tant de joye,
Que j'ay de déplaisir qu'au Ciel mesme on me voye,
Plûtost que sur la teste où j'estois tous les jours
De ma Reine l'objet de ses tendres amours.
Elle me parfumoit lors qu'on l'a voyoit Fille,
M'honorant des tresors de sa riche Famille.
Vous autres maintenant qu'éclaire le flambeau
Du jeune Hymen qui rend vostre Printemps si beau
Aux baisers des Amans ne donnez point licence
Découvrant vostre gorge avec impatience,

Que vous ne m'ayez fait d'agreables presents
Des dons de vostre Onyce à mon cœur si plaisans.
Je dis de vostre boëte & precieuse & rare
Qui pourroit adoucir le cœur du plus barbare.
Mais que tous les presents de Filles sans pudeur
Se dissipent en l'air pour leur infame ardeur :
A vous autres je veux, nouvelles Mariées,
Mettre en vostre union cent graces variées.
Je veux que la concorde augmente vos douceurs,
Et que l'amour demeure à jamais dans vos cœurs.
Toy cependant, ô Reine, observant les Estoiles,
Quand au gré de Venus tu baisseras les voiles
Fai non tant par les vœux que par les dons exquis,
Puisque je suis ton sang, qu'on sçache qui je suis.
Je voudrois me revoir Chevelure royale
Et qu'Orion parust pres de l'Urne fatale.

DIALOGVE A VNE PORTE. 68.

O dulci jucunda viro. 48.

CATVLLE.

PORTE, je te saluë, & te dis les delices
D'un Epoux & d'un Pere en leurs doux exercices.
Que Jupiter augmente & tes prosperitez,
Et tout ce que l'on sçait de tes felicitez.
On dit que cette Porte à Balbe officieuse,
Rendit à son sujet la justice douteuse.
Elle favorisa depuis certain dessein
Qui fut pernicieux à son esprit mal sain,
Si-tost qu'elle se vid dans une autre alliance,
Quand ce Vieillard mourut, qui tomboit dans l'enfance;
Di-nous, Porte, pourquoy tu changeas ton serment
Devenuë à ton Maistre infidelle en dormant ?

LA PORTE.

Ha ! ce n'est pas ma faute, & quoy que l'on en die,
Quelqu'un en pourroit faire un jeu de Comedie.
Si je plais de la sorte à Cecile, on sçait bien,
Que je luy suis sujette, & qu'il est mon soûtien.

Personne, à mon avis, en cela ne peut dire,
Que mon peché soit grand s'il ne vouloit médire.
Mais ce ne sont, Quintus, que contes à plaisir,
Que le Peuple debite & conçoit à loisir.
Si pourtant il se trouve une chose mauvaise,
Si le monde m'en blâme il en parle à son aise.

CATULLE.

Tu le nie, il est vrai; mais ce n'est pas assez
Ne pouvant ignorer icy les temps passez.

LA PORTE.

Quel pouvoir en aurois-je? Et quand d'ailleurs personne
Ne m'écouteroit pas, faut-il qu'on s'en étonne?

CATULLE.

De nous c'est autrement, qui le voudrions sçavoir:
Et si tu nous le dis, tu feras ton devoir.

LA PORTE.

Cette Fille n'est point encore icy venuë,
Comme on vous l'a conté, toute pure, ingenuë.
Et, de ceux qui l'ont vuë on ne sçauroit nier,
Que son Mari de tous n'ait esté le premier.
Quelqu'un plus languissant de son arme pendante
Ne s'est pû soûlever qu'à sa robe traînante.
Mais on dit que le Pere a soüillé de son Fils
Et la Couche & le Lict de toiles de Memfis,
Et qu'il a sa Maison obscurci d'un grand crime,
Soit que d'un cœur épris d'amour illegitime
Il se fust embrazé dans son aveuglement
D'une ardeur insensée avec emportement,
Soit qu'il fust convaincu de certaine impuissance
Dont son Fils eust esté marqué dés sa naissance,
Et l'on ne se doit pas trop informer d'ailleurs,
Si quelque main a pû cueillir les belles fleurs.

CATULLE.

O veritablement tu me parles d'un Pere
Qui de son propre Fils a fait le vitupere.

LA PORTE.

Bresse du mont Chinnée où l'on découvre loin
Le Païs d'alentour qui fait nostre besoin,
Et que le Mele arrose avecque ses eaux pures,
D'où j'ai pris ma naissance ainsi que mes jointures,
Si chere à ta Verone & que tu connois bien,
Le connoist comme toy bien qu'il ne vaille rien;
Mais elle asseure encor de Posthume & Corneille
Des choses dont l'amour a fait une merveille,
Avec elle ayant pris d'étranges privautez.

CATULLE.

Ici quelqu'un dira, Porte, ces nouveautez
Ne se peuvent sçavoir de toy qui de ta place
Ne te sçaurois mouvoir pour prendre une autre espace.
Tu ne te peux non plus éloigner de ton seüil
Qu'un Navire échoüé se tirer d'un écüeil.
Mais estant attachée à ton ferme jambage,
Tu ne bouges d'un lieu, sans avoir d'avantage
Que d'ouvrir ou fermer aux Passants la maison,
Arrivant ou sortant en diverse saison.

Je l'ai souvent oüie en secret parler seule
Avec ses Confidents, quelques-uns forts en gueule,
De leurs tours de soupplesse, & leur disoit souvent,
Tous ces contes icy sont emportez au vent.
Elle adjoûtoit encor d'un certain Personage,
Que je ne puis nommer, de peur de quelque orage,
S'il vouloit élever le poil de ses sourcis.
C'est un homme assez long plein de divers soucis
A qui l'Enfantement supposé donna l'estre
Par un Ventre menteur qui le fit méconnestre,
Et donna bien des fois sujet à des procez,
Dont divers jugements ont eu divers succez.

A MANLIUS. 69. *Quod mihi fortuna.* 160.

PAROISSANT accablé d'un accident sensible
La Lettre que tu viens de m'écrire est terrible,

Ecrite de tes pleurs, afin que de la main
J'essaye à te tirer d'un naufrage inhumain.
Et du pas de la mort, quand l'amour conjugale
Te laisse dans le lict une peine fatale,
Sans y pouvoir dormir, ou trouver à propos
Un paisible moment pour prendre le repos.
Tu n'as plus de souci des Vers des vieux Poëtes,
Quand ne pouvant dormir tes peines sont muettes.
Tu m'obliges beaucoup de vouloir qu'à mon tour
Je te dépeigne en Vers les charmes de l'Amour.
Mais, illustre Manlie, afin que ma tristesse
Ne te soit pas cachée, écoute ma detresse.
Regarde, je te prie en quelle extremité,
Par un Destin cruel je suis precipité,
Pour ne t'engager pas à vouloir davantage
D'un homme mal-heureux & de mauvais presage,
Des presents qu'on attend qui donnent du plaisir.
Ha! je n'ai plus de joye & n'ai plus de loisir.
Quand je receus la robe en l'âge des delices
D'une seule couleur pour les doux exercices,
En l'estat florissant des douceurs du Printemps
L'exercice & les jeux divertissoient mes sens.
Les delices aussi de l'aimable Deesse,
Qui meslent les desirs à la delicatesse,
Ne m'ont point échappé : J'ai jouy de ces biens,
Mais la mort m'a jetté dans ses tristes liens,
O mon Frere, de qui la perte m'est sensible,
Jusqu'au point que mon mal est incomprehensible.
Ouy, mon Frere, c'est toy qui mourant as détruit
Tout le bien que j'avois & possedois sans bruit.
Toute nostre Maison se trouve ensevelie
Avec toy, mon cher Frere, en qui mon sort s'allie.
Par ta mort j'ai chassé du fond de mon esprit
Ce qu'il pouvoit dicter de doux en un écrit.
J'en ai banni les jeux, les plaisirs, les delices,
Et ne peut plus songer aux charmans exercices.

Disant donc qu'il doit estre à Catulle honteux
De ne plus éloigner de Verone ses vœux,
Où les honnestes gens sans nulle compagnie
Se rechauffent au lict avec ignominie.
Cela n'est pas, Manlie, étrange seulement,
Il est honteux, infame, & pauvre infiniment.
N'estant donc plus à moy, je te fais des excuses
De ne te pouvoir faire aucun present des Muses,
Puis qu'un regret cuisant les a tous enlevez,
Outre cent mille ennuits que j'ai tous éprouvez,
Et pour n'avoir pas eu chez moy plusieurs volumes,
Je vais passer mes jours à Rome, où sont mes plumes.
C'est là que j'ai choisi de faire mon sejour,
Et là, bien-tost mes jours acheveront leur tour.
De mes Livres icy rien qu'une seule quaisse,
De bien d'autres que j'ai ne m'a suivi qu'en presse.
Ainsi tu ne dois pas nommer grande chaleur.
Ce qui n'est que l'effet d'une extrême douleur.
Mon Esprit n'est pas libre, & ne puis entreprendre
Ce que je n'ozerois accorder ni pretendre,
Bien que tres-volontiers j'aurois fait mon devoir
Si l'heur de t'obeïr eust prescrit mon pouvoir.
Ie ne sçaurois pourtant, ô Deesses, me taire
Des bien-faits de Manlie, à qui mon soin doit plaire,
De peur que l'aage prompt qui sans cesse s'enfuït
Ne couvre ses faveurs d'une eternelle nuict.
Mais je vous le dirai, vous le direz aux vostres,
Et cette Poësie en parlera pour d'autres.

* *

Qu'il soit de plus en plus apres sa mort connu,
Mais qu'il ne meure point qu'en un aage chenu:
Et que l'araigne enfin en ourdissant sa toile,
Sur les lieux élevez ne fasse point de voile,
Pour couvrir de Manlie & la gloire & le nom
Ou qu'on puisse ignorer son illustre renom.

Vous

Vous sçavez le souci que m'a causé sans honte
La Divinité double à propos d'Amathonte:
Et dans quel precipice elle m'avoit jetté,
Quand mon cœur s'agitoit par autant d'âpreté
Qu'à l'Antre de Sicile, ou que l'Onde salée
Auprés du Thermopile & du roc de Malée.
Mes yeux se desseichoient à force de pleurer,
Et mes pleurs écoulez venoient à s'égarer,
Comme un Ruisseau coulant d'une haute montagne,
Tombé parmi des rocs s'échappe à la campagne,
Passe dans un bocage où des Peupliers épais
Offrent au Voyageur un ombrage bien frais,
Quand il est alteré par la longue fatigue
Que cause la chaleur sur l'areneuse digue.
Et comme le Vent souffle au gré des Matelots
Nagueres agitez par l'Orage & les Flots,
Apres qu'ils ont devots contre la violence,
De Castor & Pollux imploré l'assistance;
Ainsi survient Manlie à nostre heureux secours,
Il nous est favorable & m'assiste toûjours.
Il a de nostre Champ étendu les limites,
M'a cent fois honoré de ses cheres Visites.
Il m'a donné des Prez, des Bois, une Maison,
Qui chaque appartement a pour chaque Saison.
C'est à luy que j'estois tenu d'une Maistresse
Commune à tous les deux, où ma belle Deesse
Portoit souvent ses pieds par un chemin aisé,
Ses plantes appuyant sur le seüil divisé,
Comme Laodamie à son Epoux si chere,
Qui brûlante d'amour par sa cuisante ulcere,
Vint autresfois en vain chercher Protesilas,
Sans avoir appaisé la divine Pallas
Par le sang répandu de quelque sainte Hostie.
O Vierge Rhamnusie, ô Nemese, Adrastie,
Il ne se trouve rien en Terre & sous les Cieux
Que je voulusse avoir contre le gré des Dieux.

En perdant son Mari, cette Laodamie
S'estoit bien apperceuë avec quelle infamie,
Un Autel affamé demande un Sang pieux,
Le Sort luy dérobant ce qu'elle aimoit le mieux,
Avant que d'un Hiver les nuicts longues & fredes
Eussent à son amour donné quelques remedes,
Pour la rendre capable en perdant son Epoux
De vivre apres sa mort, quand les nœuds sont dissous.
Ce que n'ignoroient pas les Parques inhumaines,
Si le jeune Guerrier entre les Capitaines
Alloit descendre à Troye, où la guerre attiroit
Ceux que le rapt d'Helene a vanger conjuroit.
Cette Troye attira sur elle donc la Guerre,
Que luy firent les Grecs & par mer & par terre.
O Ville mal-heureuse, & Sepulchre commun
Et d'Europe & d'Asie où le Buscher n'est qu'un
De toutes les Vertus & des plus braves hommes,
Celle-là mesme encor dans le Siecle où nous sommes,
Qui de mon Frere a fait la déplorable mort,
Dont je regretterai toûjours le triste Sort.
Ha! lumiere agreable enlevée à mon Frere,
Toute nostre maison attainte de misere
Se trouve ensevelie, ô douleur! avec toy,
Et nul bien desormais ne se trouve chez moy.
Ton Sepulchre n'est pas auprés des Cendres cheres
De nos chers Alliez, Amis, Parents & Peres;
Mais une infame Troye, un reste infortuné,
Te retient étranger en païs éloigné.
On dit qu'alors des Grecs la vaillante jeunesse
S'impatienta fort de sortir de la Grece,
De crainte que Pâris joüist paisiblement
D'Helene dont il fit le brusque enlevement.
Et ce fut aussi là, belle Laodamie,
Que se rompit le nœud de ta gloire affermie,
Ou que tu pensois estre au point le moins fatal
Que pouvoit apporter le lien conjugal.

L'ardeur de ton amour t'ayant precipitée
Dans un abysme tel que celuy de Phytée,
Tout auprés de Cillene & dans son lac profond
Devant qu'il fust seiché pour en faire un bon fond,
Comme les Grecs l'ont dit, quand le vaillant Alcide
A coups de traits chassa la troupe Stymphalide,
Oiseaux qui d'Eurysthée infectoient de leur fiel
L'Empire & le sejour abominable au Ciel,
Pour s'y tracer la voye, où le nombre il augmente
Des Dieux Saints pour y prendre une divine Amante,
Cette Hebé si fameuse en qui la pureté,
Egaloit la douceur & la rare beauté,
Mais tant de profondeur de ce terrible abysme
Qui fit porter le joug à cette ame sublime,
N'eust jamais égalé celle de ton amour
Digne en mille façons de la clarté du jour.
Je n'ai rien où je n'ai certes que peu de chose,
Qui soit digne de toy, comme on se le propose:
Celle que j'aime tant se jette entre mes bras
En qui l'amour a mis ses plus charmants appas.
D'où vient que sa blancheur par son moyen éclate
Sous un riche manteau rebordé d'écarlate,
Si de Catulle seul elle n'est pas pourtant
Contente à mon égard, comme je suis content,
Ie consens de souffrir qu'elle se divertisse
Avec d'autres que moy de peur de sa malice.
Ou que comme imprudent je la fisse rougir,
Ou que l'incommodant on la fist mal agir.
Souvent aussi Iunon la Reine des Deesses
S'embraze de courroux au sujet des soupplesses
De Iupiter son Frere & son divin Epoux
Connoissant ses larcins, dont son cœur est jaloux.
Mais la comparaison sans doute n'est pas juste
Des hommes & des Dieux dont la gloire est auguste,
Oste l'ingrat fardeau du Pere tremblotant,
S'il en est déchargé je serai bien content.

Celle-cy toutesfois, que ſon vieux Pere ameine,
Ne ſe rend point chez moy, que comme on ſe promeine.
Pour elle ma maiſon ne ſe trouvera point
Des Odeurs parfumée où le luxe ſe joint;
Mais de petits preſents, quand la nuict eſt obſcure,
Faits à la dérobée avec art & meſure.
Tous ces preſents tirez des mains de ſon Mari,
Qui voyant ce qu'elle eſt ſe dit ſon favori.
C eſt bien aſſez pourtant ſi d'une humeur ſi franche,
Elle marque ce jour avec la pierre blanche.
Tel eſt mon don, Manlie, en dons aſſez divers,
Que pour te contenter, j'ai formé de ces Vers,
Afin qu'on voye au moins pour tant de bons offices,
Que de toy j'ai receus, l'effort de mes caprices.
Et certes je l'ai fait, afin que ni ce jour
Ni quelqu'autre n'ataigne, en mon diſcret amour,
La gloire de ton nom d'une vilaine roüille,
Qui les plus reverez par ſon atainte ſoüille.
Que les Dieux à cecy donnent ce que Themis,
Avec tant d'équité donnoit à ſes Amis.
Soyez toûjours heureux, ſoyez-le ſans envie,
Celle que tu cheris comme ta propre vie,
La maiſon de nos jeux & de tant de plaiſirs,
Sans oublier la Belle, objet de nos deſirs.
Celuy qui me donna le bien de ſa preſence,
Et de ton amitié, ma force & ma conſtance,
Et celle que je dois aimer plus que le jour,
Les charmes de ma vie & de mon tendre amour,

CONTRE RUFE. 70. *Noli admirari.* 10.

Ne ſois point étonné, Ruffe, que tes careſſes
Ne ſe peuvent ſouffrir parmi tant de molleſſes,
Non pas quand tu ferois des preſents de grand prix
Où le clinquant reluit, dont les yeux ſont ſurpris.
Un mauvais bruit qui court apprend aux Demoiſelles
Que tu nourris un Bouc au Vallon des aixelles.

La beste est dangereuse, & te fait si grand tord,
Que les femmes ont peur de ton premier abord.
Il ne faut pas aussi, Ruffe, qu'on s'en étonne.
Ce puant animal choque chaque personne.
Extermine bien-tost cette peste des Nez
Les sens sont aujourd'huy, croy moy, trop rafinez.

DE L'INCONSTANCE DE L'AMOVR DES Femmes. 71. *Nulli se dicit.* 4.

MA femme dit assez qu'elle ne pourroit estre,
Mariée à quelqu'autre, & le fait bien connestre,
Disant si mon Epoux avecque Iupiter
Estoit mis en ballance, en deust-il dépiter,
Ie le prefererois au Dieu de tout le monde:
Mais ce qu'on dit ainsi se doit écrire en l'onde.

A VIRRON. 72. *Si qua Virro.* 6.

SI l'exacrable Bouc des Aixelles, Virron,
Incommode beaucoup cette laide Guenon,
Ou si la goute aux pieds exerce ta constance,
Ton Rival qui joüit d'une telle souffrance,
Profite par ton art de l'un & l'autre mal.
C'est, à n'en point mentir, un terrible animal,
S'il le juge à propos, qu'à sa belle Maistresse,
Il fasse de la sorte une telle caresse,
Il te vange de deux essuyant ta moiteur,
Et par sa goute aux pieds & par sa puanteur.

A FVLVIA. 73. *Dicebat quondam.* 8.

Tu disois autresfois, nompareille Fulvie,
Que tu ne connoissois que Catulle en ta vie,
Et que si Iupiter se trouvoit en ton chois,
Tu ne me l'aurois point préferé de ta voix.
Je te cherissois lors, non comme un cœur vulgaire
Aimeroit sa Maistresse, & ce qui luy doit plaire,
Mais comme un Pere doux aime ses chers Enfans
Et ses Gendres bien nez qui consolent ses ans.
Maintenant que je croy beaucoup mieux te connestre
Ne bruslant point d'un feu plus grand qu'il ne doit estre

Je te tiens toutesfois plus digne de mépris,
Pour sçavoir ta valeur, ton merite & ton prix.
Tu me dis là dessus; comment se peut-il faire,
Qu'on aime davantage, & qu'on soit si contraire?

CONTRE VN INGRAT. 74.

Desine de quoquam. 6.

ABSTIENS-toy d'esperer l'amitié de quelqu'un,
C'est travailler en vain que d'en chercher aucun:
Penses-tu que quelqu'un ton confident devienne?
D'ingratitude on sçait que chaque chose est pleine:
Et les biens-faits des gens sont tous contez pour rien.
Ne s'en repent-on pas? En reçoit-on du bien?
Aussi sont-ils souvent sujets de fascherie.
Et je ne voy que trop que souvent l'on s'écrie;
On ne m'a point, ô Dieux! traité si doucement,
Que cet ingrat ami faussaire en son serment:

CONTRE GELLIVS. 75. *Gellius audierat. 6.*

GELLIE avoit oüi de son Oncle une chose,
Qu'il reprenoit souvent, aigrement & sans cause
Ceux qui s'entretenoient d'amour passant leur temps,
Pour devenir contens.
De peur qu'il nen voulust user de mesme sorte
En son endroit prenant une habitude forte
Aupres de son Epouse, en la voyant souvent,
Il courut au devant.
Il contenta son Oncle, & le fit Harpocrate,
Qui garde le silence, & qui souvent se grate.
Ce Gellie hardiment fit tout ce qu'il voulut
Dont son Oncle se teut:
Car abusant de luy d'une étrange maniere,
Il luy ferma la bouche éteignant la lumiere.

CONTRE LESBIA. 76. *Huc est mens. 4.*

MA raison, ma Lesbie est si fort hors de moy
Que j'en suis étonné; mais ce mal vient de toy.
Enfin de son devoir elle s'est éloignée
Cette belle raison, qu'on n'a point épargnée.

Ie ne ſuis plus capable en te voulant du bien
Quelque bonne d'ailleurs avec un tel ſoûtien,
Que tu puſſes un jour nous le faire pareſtre
Dans l'eſtat violent, & tel qu'on le voit eſtre:
Ni je ne voudrois point auſſi ceſſer d'avoir
De l'inclination pour toy, pour mon devoir.
Quand tu me preſſerois par des maux incroyables,
Ou que tu me ferois des peines effroyables.

A SOY-MESME. 77. *Si qua recordanti.* 26.

Si le plaiſir eſt grand de ſe reſſouvenir
Des bonnes actions dont il ſe faut munir,
Comme un homme de bien gardant la reverence
A la ſincere foy comme à la bien-ſeance:
Si l'on n'a point auſſi dans des points ſerieux
Abuzé du reſpect qui ſe doit rendre aux Dieux
Pour une longue vie, aſſeurement, Catulle,
On te doit réjoüir, ſi l'on n'eſt ridicule,
De l'ingrat ſentiment qu'à ta parfaite amour
On luy rendit ſi-toſt qu'on te vid de retour.
Car tout ce que le monde a pû dire, a pû faire,
Tu l'as dit, tu l'as fait, pour le bien d'une affaire,
Et ce tout neantmoins pour l'avoir confié,
A quelque cœur ingrat s'eſt vû mortifié.
Apres cela revien, ſerois-tu ſi ſenſible,
Que de t'en allumer, à toy-meſme nuiſible?
Pourquoy ne veux pas te tirer à propos
De l'endroit où ton vice a troublé ton repos?
Il eſt bien mal-aiſé, diras-tu, de ſe rendre
Ou ſe debarraſſer de cette amour ſi tendre.
Il eſt bien mal-aiſé? Mais pourtant il le faut
Ou bien deſeſperer & te mettre en défaut.
Gagne ſur toy ce point d'en uſer de la ſorte,
Si tu vois ta raiſon ſe montrer aſſez forte.
O Dieux! ſi vous donnez jamais voſtre ſecours
A quelqu'un eſtant preſt de terminer ſes jours,

Redardez-moy de grace en l'estat déplorable
Auquel je suis reduit par un coup effroyable.
Et si j'ai dans ma vie eu quelque pureté,
Epargnez à mon sort si grande dureté :
Ainsi delivrez-moy de cette étrange peste
A tout ce que je suis, trop forte & trop funeste.
Comme une l'etargie échapée en mon cœur
Dont elle oste la joye avecque la vigueur.
De pretendre de voir qu'elle me fust humaine,
Ie serois insensé je n'en suis pas en peine,
Qu'elle demeure chaste, il est de son devoir,
Mais je ne pense pas qu'il soit en son pouvoir,
D'estre en bonne santé pour ce qui me concerne :
Si je n'en ai le don d'une faveur interne,
Qu'il faut seul esperer de la bonté des Dieux,
Sans provoquer d'ailleurs la colere des Cieux.

A RUFFE. 78. *Rufe mihi frustra.* 10.

RUFFE, que j'ai tenu bien inutilement
Pour mon intime ami ; mais je ne sçai comment.
Bien inutilement ! ai-je dit ; c'est ma faute.
Ce qui me couste cher, & la faute est bien haute.
Ruffe, est-ce donc ainsi qu'enfin tu m'as surpris
Coulant en ma pensée avec tes cheveux gris ?
Qu'as-tu fait, inhumain, déchirant mes entrailles ?
Perces-tu de la sorte & rampars & murailles ?
Quand tu m'as dépoüillé ravageant tous mes biens,
Tu me les as ravis, cruel, tu les retiens,
Detestable poison & peste de la vie,
Ton inhumaine ardeur à mon ame ravie.
Au reste je me plains de ce que ton ardeur
A soüillé les baisers de la chaste pudeur.
Mais tu seras puni d'une telle insolence.
Les Siecles à venir en auront connoissance.
La vieille renommée en parlera par tout :
Et d'un bout de la terre allant à l'autre bout,

Elle dira ton nom, ta ſotiſe & ta mine,
Et te fera connoiſtre infecté de vermine.

DE GALLVS. 79. *Gallus habet fratres. 6.*

Des Freres de Gallus l'un a ſa Femme belle,
L'autre a ſon Fils bien-fait, à qui rien n'eſt rebelle,
Gallus eſt fort joli, qui joint les deux amours
Du Neveu, de la Niece, & s'y meſle touſiours.
Il aime le Garçon, aime la jeune Epouſe.
Mais Gallus imprudent ſe trompe & n'eſt qu'un ſot,
Qui faiſant un jaloux peut faire une jalouſe,
Commet un adultere, & jamais n'en dit mot.

CONTRE GELLIVS. 80. *Gellius eſt polcher. 4.*

O que Gellie eſt beau! Leſbie en eſt épriſe.
Aux dépens de Catulle? ô Dieux! quelle ſurpriſe!
Comment donc eſt-il vré,
Qu'elle l'euſt préferé
Meſme à toute ſa race?
Mais qu'il vende Catulle & tout ce qui le paſſe,
Si tandis qu'il ira par tout, philoſophant,
Il trouve trois baiſers que luy donne un Enfant.

A GELLIVS. 81. *Quid dicam, Gelli. 8.*

Que dirai-je, Gellie, obſervant à ta mine,
Que tes lévres de roſe & de couleur pourprine,
Ont plus de blanc exquis, que la neige d'hyver,
Quand ſortant le matin tu te viens étuver,
Et que dans les longs jours huit heures te retirent
De ton laſche repos dont tes Amis ſoûpirent?
Là, certes ſe rencontre un fait inopiné,
Où tout ce qu'on nous dit eſt mal imaginé,
Que de je ne ſçay quoy tu te remplis la bouche.
Le bruit eſt aſſez grand que quand Victor te touche,
Dés qu'il vient à laſcher avec debordement,
Ta lévre en eſt marquée, & tu ſçais bien comment.

A JUVENTIVS. 82. *Nemo ne intanto. 6.*

Ne s'eſt-il pû trouver de Galland, Juventie,
Dans un Peuple ſi grand digne qu'on l'apprecie,

Horsmis ton Muletier pour estre aimé de toy,
Plus pasle que de l'or qui te donne sa foy ?
Ha ! quelle affection, ayant la hardiesse
De me le préferer avec tant de mollesse !

A QVINTIE. 83. *Quinti si tibi.* 4.

QUINTIE ami du cœur, si tu veux que Catulle
Te doive les beaux yeux, de sa Belle incredule,
Ou s'il a quelque bien de plus cher que ses yeux,
N'oste point de son cœur un don si precieux.

CONTRE LE MARI DE LESBIA. 84. *Lesbia mi.* 6.

LESBIE en la presence
De son Mari me dit,
Des injures qui vont jusques à l'insolence,
Dont il se rejoüit.
Mulet, tu ne sens rien; mais sans m'en faire acroire,
Si la Belle se taist, pour toy tout ira bien.
Et de ce qu'elle marque, ainsi tant de memoire,
Et dit du mal de moy, tout ton fait ne vaut rien.
Elle s'en souvient donc; mais le pis que j'y trouve,
C'est qu'elle est toute émuë, & que bruslant d'amour,
Comme elle est toute en feu, cela mesme le prouve,
Elle en parle sans cesse & la nuict & le jour.

D'ARUS. 85. *Chommoda dicebat.* 12.

ARE disoit tousiours Chommodes pour commodes,
Il croyoit du discours ainsi changer les modes.
Hambusches, & non pas Ambusches, il disoit,
Et pensoit beaucoup mieux parler qu'on ne faisoit.
Ainsi parloient sans doute & son Pere & sa Mere.
Ainsi Liber son oncle, avec sa mine austere.
De mesme s'expliquoit son Ayeul maternel,
De mesme son Ayeule en un jour solennel;
Quand un ordre luy vint expres pour la Syrie.
Ce fut un coup du Ciel, dont chacun se recrie.
Les oreilles en paix oüirent doucement
Tout ce qui si disoit d'un ton si vehement;

Et nul ne fut choqué dans le moindre Village,
Par le terrible son d'un si mauvais langage,
Quand tout-à-coup un bruit importun nous surprit
Que depuis que cet Are, avec son peu d'esprit,
Retournant par les flots de la Mer d'Ionie,
A dessein de revoir les Villes d'Ausonie,
On ne prononçoit plus les flots Ioniens,
Mais sans cesse on disoit *les flots Hioniens.*

CONTRE LESBIE. 86. *Odi & amo.* 2.

J'AIME & je haï, demandez-vous comment?
Je ne sçai bonnement;
Mais je sens bien que la chose est faisable
Et que j'en souffre un tourment effroyable.

DE QVINTIE ET DE LESBIE. 87. *Quintia formosa.* 6.

QUINTIE est belle aux yeux de force gens,
Aux miens, elle est, blanche, haute, bien faite,
Dans le détail elle seroit parfaite;
Mais tout ensemble elle choque mes sens.
Car si j'en veux dire la verité,
N'a-t-elle pas tousiours mauvaise grace.
Dans son grand corps, tout y paroist de glace,
Sans agrément, sans uniformité.
Quand à Lesbie, au moins si j'en suis crû,
A le bien prendre, on la voit tousiours belle
Son air, ses yeux & sa grace éternelle
De cent beautez ont ce qu'on n'a point vû.

DE SON EXTREME AMOVR POVR LESBIE.
88. *Nulla potest Mulier.* 4.

FEMME jamais ne fut tant estimée,
Que de mon cœur ma Lesbie est aimée.
Ah! quelle est belle & je gage, & je croy,
Que rien n'égalle auprés d'elle ma foy.

CONTRE GELLIVS. 89. *Quid facitis.* 8.

QUE peut faire celuy qui parmi sa douceur
Couche avecque sa Mere & sa Tante & sa Sœur,

Et qui veille tout nud, se tenant auprés d'elle ?
Est-il aussi galland qu'elles luy semblent belles ?
Son Oncle marié ne l'est pas prés de luy.
Et sçais-tu de quel crime, il se charge aujourd'huy ?
L'abomination qu'il commet, ô Gellie,
Va bien loin au delà de ce qu'on en publie.
Et certes elle est telle avec ses appetis,
Que l'immense Ocean & la grande Thetis,
Ne le pouroient laver avec toutes leurs ondes,
Bien qu'il fust abysmé dans les vagues profondes.
Que ses crimes sont noirs ! & qu'il donne d'horreur,
Se voulant engloutir luy-mesme en sa maigreur !

DE GELLIE. 90. *Gellius est tenuis.* 6.

GELLIE est maigre : hé ! qui ne le seroit !
Si comme luy quelqu'un se declaroit ?
Puisque sa Mere a grande complaisance
A son sujet, flattant son esperance ?
Elle l'oblige avecque sa bonté,
De se montrer vers elle un effronté.
Sa Sœur aussi qui luy semble si belle
N'est-elle pas une Amante fidelle ?
Son Oncle ainsi parmi sa gaye humeur,
Et sa Cousine abbaissent sa tumeur.
Apres cela qui ne seroit pas maigre,
Quand un Esprit d'ailleurs seroit moins aigre ?
Mais sans parler en luy de tant d'aigreur
On sçait la cause assez de sa maigreur.

CONTRE GELLIE. 91. *Nascatur Magus.* 6.

QUE d'un abominable accouplement il naisse
Vn Mage qui sera l'effet de la mollesse
D'une Mere & d'un Fils, où Gellie effronté
A de sa Mere impure épris la volonté,
Et qu'il sçache delà, que l'augure des Perses
Est qu'un Mage attendu dans les saisons diverses
Doit naistre d'une Mere & d'un Fils inconnu,
Si la Religion Persane a convenu,

Que c'est la verité, sur quoy le Fils fait fondre
Sur le brazier ardent l'intestin, l'hippocondre,
Pour reverer les Dieux, en disant certains Vers,
Qui pourroient étonner les Esprits de travers.

CONTRE GELLIE. 92. *Non ideo, Gelli.* 10.

Te connoissant, Gellie, au point qu'on te connoist,
Persuadé d'ailleurs que rien ne te paroist
Capable d'empescher en ton ame insensée,
Quelque dessein mauvais occuper ta pensée.
Je puis bien dire aussi ne m'estre pas promis
Que tu me voudrois mettre au rang de tes Amis,
Pour me garder la foy dans l'amour qui me presse.
Mais celle que je puis appeller ma Maistresse,
Estant sans qualité de ta Mere ou ta Sœur,
D'abord j'en eus soupçon; mais sçachant ta douceur
Je m'en dedis bien-tost: car la cause estoit bonne,
Pour s'asseurer de toy, voyant ce qu'on soupçonne,
Et certes tu n'as point de vrai contentement,
Dans ce qui peut guerir ton amoureux tourment,
Qu'autant que des plaisirs tu veux marquer l'estime,
Par le prix que tu mets au plus horrible crime.

CONTRE LESBIE. 93. *Lesbia mi dicit.* 4.

Lesbie a toûjours soin de médire de moy:
Elle en parle à toute heure,
Elle m'aime, je meure.
Il n'en faut pas douter. Comment? dis-tu, pourquoy?
C'est de la mesme sorte,
Que dans ma passion qu'elle estime assez forte,
Sans cesse je luy dis des injures ainsi;
Mais je puisse mourir, si je ne l'aime aussi.

CONTRE CESAR. 94. *Nil nimium.* 2.

Je n'ai point de souci de te plaire, Cesar,
Mais blanc ou noir je mets l'un & l'autre au hazar.

CONTRE.....95. *Mæchatur.* 2.

Elle se trompe fort, elle peche en ragouts.
La Marmitte, dit-on, pour elle veut des choux.

DE LA SMYRNE DU POETE CINNA. 96.

Smyrna mihi. 10.

LA Smyrne de Cinna piece en neuf ans formée
Dans le neufviesme Esté, publiée, estimée,
Tandis qu'en un Hiver sur des sujets divers
Hortensius faisoit cinquante mille Vers,
Sera-t-elle jettée au fond de la riviere,
Cette piece si belle & si noble & si fiere?
Sera-t-elle le jeu des vagues de l Atrax,
En depit & d'Achille & du fameux Aiax?
Maints Siecles reliront cette Smyrne divine,
Quand bien d'autres Escrits couvriront la Sardine,
Tels que ceux de Voluse Annaliste au grand nom,
Destinez à l'Anchoye, au raisin, à l'ongnon.
Le peu que nous avons d'un si grand Personnage
Nostre ami qu'on estime, autant que son courage
Nous plaist infiniment, soit tousiours honoré,
Tandis qu'avec plaisir le Peuple deploré
Joüira des bons mots & de la bouffissure,
Dont Antimache a fait sa bizarre avanture.

A CALVUS TOUCHANT QUINTILIE. 97.

Si quicquam. 6.

SI quelque chose peut venir de ma douleur,
Qui ne déplaise pas dans le dernier malheur,
Aux sepulchres muets, j'en ai beaucoup de joye,
Voulant renouveller, afin que l'on le croye,
Mes premieres amours pleurant ma jeune ardeur
Qui des cœurs moins émeus sceut chasser la froideur,
Mais une prompte mort certes n'est pas sensible,
A Quintie à l'égard que sa joye est visible.
Au sujet qui luy n'aist des feux de ton amour,
Qu'elle sent allumer dans son cœur chaque jour.

AU SUJET D'EMILIUS. 98. *Non ita me Dij ament.* 12.

LEs Dieux ne m'aiment point si fort que je ne tienne,
Pour tres-indifferent de sentir ou l'haleine,

Ou la bouche ou le dos du ſale Emilius.
Rien n'eſt de ſi vilain aprés Atilius.
Je penſe toutesfois que ſon ſale derriere
Eſt beaucoup moins impur que ſa bouche meurtriere :
Car il n'a point de dents, & ſa bouche en a trop
De demi pied de long teintes d'un noir ſirop
Avecque leur gencive allumée & chancreuſe
Comme d'un vieux bahu dont la toile eſt poudreuſe.
D'ailleurs, ſa bouche s'ouvre, & puis en ſe fronçant
Elle ſe ſerre ainſi qu'une Mule en piſſant,
Sur tout quand il fait chaud, & qu'on l'a prodiguée,
Par un Voyage long qui l'a trop fatiguée.
A diverſes Beautez tandis, il fait l'Amour,
Et s'erige en Gallant tant que dure le jour.
Ne luy donne-t-on point la compagnie en ſuite
De l'Aſne du Moulin, ſinon qu'il priſt la fuite ?
Mais ſi quelqu'une enfin veut bien ce mal-heureux,
Ne pourra-t-elle pas lécher le dos d'un Gueux ?

A VICTIUS. 99. *In te ſi quicquam.* 6.

SI contre toy, Victie, on peut dire une choſe
Qui ſe dit d'ordinaire aux grands parleurs, aux foux,
Puiſſe-tu de ta langue en ce qu'on ſe propoſe
Lécher les vilains dos des gens remplis de poux.
Léche encor les brayers de ceux dont les éponges
Leur ſervent d'urinal avecque leurs allonges,
Si quand l'occaſion de mourir s'offrira ;
Di-le nous, tu feras tout ce qu'il te plaira.

A JUVENTIUS. 100. *Subripui tibi.* 16.

TANDIS que tu joüois, nompareil Juventie,
I'ozai prendre un baiſer plus doux que l'ambrozie
Sur ta bouche divine avec ſon agrément.
Ie ne l'emportai pas pourtant impunément :
Et je me ſouviens bien, ſans qu'un autre en murmure,
D'en avoir plus d'une heure enduré la torture.
De ma faute eſſayant me purger devant toy,
Ie ne pus rien gagner pour te marquer ma foy,

Par mes soûpirs passez, & par beaucoup de larmes,
Que ta severité repoussa par ses charmes.
Tu mis lors en usage & les doigts de ta main,
Et tout ce que tu pus d'un conseil inhumain,
Pour essuyer ta bouche, & tes lévres moüillées,
De plusieurs goutes d'eau comme choses soüillées,
Afin qu'il n'y restast rien de l'impression
De ma lévre qu'on sçait nette d'infection,
Comme si c'eust esté quelque salive impure
De quelque sale Louve où se mesle l'ordure.
Mais tu ne cesses point en dépit de mes Vœux,
De me mettre au pouvoir d'un Amour outrageux,
Et m'affliger ainsi par diverses manieres,
Afin que d'un baiser, dont les graces entieres
De l'Ambrosie avoient les charmantes douceurs,
Je sentisse l'amer, & les fortes odeurs
De l'Helebore triste, & de la triste Absynte.
Mais puisque mon amour d'une colere sainte,
Tu veux toûjours traiter avecque tant d'ardeur,
Je m'empescherai bien de choquer ta pudeur.

DE CELIVS ET QVINTIVS. 101.

Cœlius Aufilenum. 8.

CELIE aime Aufilene, & Quinte Aufilenie,
L'un & l'autre la fleur de toute l'Ausonie,
Des jeunes de Verone où l'on sçait la douceur
Des deux touchez d'Amour pour le Frere & la Sœur.
Ainsi communément, comme une chose belle,
On dit Societé telle Amour fraternelle.
Vers lequel de ces deux, pour le favoriser,
Nous détournerons-nous le voulant plus priser?
Ce sera vers Celie enclin pour Aufilene,
N'ayant point de Rival qui luy donne de peine.
Au lieu qu'un feu secret me devorant les os,
Ne me sçauroit laisser un moment de repos.
Sois donc heureux, Celie, & que ta joüissance
Te signale en Amour, ainsi qu'en la puissance.

OFFRANDES

OFFRANDES MORTVAIRES SVR LE Tombeau du Frere de Catulle. 102.

Multas per Gentes. 10.

APRES avoir passé parmi beaucoup de gens,
Et traversé des Mers par des soins diligens,
Ie me rencontre enfin à la Ceremonie
Des Sacrifices Saints avec la Compagnie,
Afin de celebrer ta memoire en ce jour,
O mon frere, pour qui j'eus toûjours tant d'amour.
Te rendant mes devoirs je fais tes funerailles,
Et je parle à tes os, je parle à tes entrailles,
A ta cendre muette, à ton Sepulchre vain,
Où je te vois reduit par le sort inhumain.
Reçoi mes tristes dons dégoutans de mes larmes,
Ie les offre à mon Frere autresfois plein de charmes:
Approuve mes regrets, te donnant en ce lieu,
Et l'eternel bon jour, & le dernier adieu.

A CORNEILLE. 103. *Si quicquam.* 4.

SI jamais un secret se confie à quelqu'un,
Dont la foy soit connuë, & soit hors du commun,
Corneille, asseure-toy, sans croire qu'on te flate,
Qu'en moy tu trouveras un second Harpocrate.

A SILO. 104. *Aut sodes mihi.* 4.

SILO, rens-moy si tu peux dix sesterces
Dont je t'ai fait en rencontres diverses
Plaisir sensible, aprés cela devien
Si rigoureux, si satisfait du tien
Qu'il te plaira, sans que j'en sois en peine.
Ou si l'argent te plaist comme une Aubeine,
Cesse un moment d'exercer ton trafic:
Aprés cela devien sec comme un pic.

A VN CERTAIN HOMME AV SVJET de Lesbie. 105. *Credis me potuisse.* 4.

CROI-TU que j'eusse pû médire de ma vie,
Plus chere que mes yeux dont l'on me porte envie?

O

Il n'auroit point esté jamais en mon pouvoir:
Et quand cela seroit, faudrois-je à mon devoir?
Ne l'aimerai-je pas avec autant d'estime
Que je la dois aimer, sans me charger d'un crime?
Mais toi dans ta débauche avec le Chaircutier,
Tu fais toûjours sans doute un fort joli métier.

CONTRE VN ESPRIT GROSSIER. 106.

M. conatur. 2.

VN Asne veut monter sur le Mont de Pimplée,
Les Muses, son atainte à gravir redoublée,
Ne le pouvant souffrir quand il pense approcher,
L'enfoncent d'une fourche, & le font trébucher.

D'VN GARCON ET D'VN CRIEVR PVBLIC.

107. *Cùm puero bello.* 2.

CELUY qui void prés d'un Garçon bien fait,
Dans une enchere un Crieur qui se tait,
Qu'en pense-t-il, sinon qu'on voudra vendre
A bon marché le Garçon qu'il veut prendre?

A LESBIE. 108. *Si quicquam Cupidóque.* 8.

QUAND il arrive à quelqu'un quelque chose
Sans l'esperer; mais comme il la propose
A son desir, sans affectation,
C'est ce qu'on croit sa satisfaction:
Et de là vient que j'eus bien agreable,
Qu'à ton Amant tu te fisses aimable,
Ce que je tiens cent fois plus cher que l'or:
Car, ma Lesbie, enfin c'est un tresor
De retourner à ton Amant fidelle.
Tu reviens donc sans débat ni querelle,
Ni sans l'ozer promettre à mon plaisir.
O jour heureux, conforme à mon desir!

CONTRE COMINIUS. 109. *Si Comini.* 6.

SI ta grande Vieillesse à perir destinée,
Cominie est l'effet d'une bonne journée,
Que le Peuple souhaite aussi sale qu'elle est,
Et corrompuë en tout par un triste interest.

Par de mauvaises mœurs, par de noires pratiques,
Aussi le peut-on croire aprés tels prognostiques,
Que ta langue contraire à tous les gens de bien
A l'avide Vautour ne serve plus de rien,
Et que de son gosier le Corbeau te devore,
Et tes yeux arrachez, & ta cervelle encore.
Que ton corps soit mangé par les Chiens affamez,
Et que les Loups soient pûs de tes os diffamez.

A LESBIE. 110. *Iucundum mea vita. 6.*

Tu me fais esperer, ô ma vie! ô mon ame!
Que mon cœur brûlera d'une eternelle flâme.
Qu'il sera plein de joye : O Dieux! faites toûjours,
Que je sente l'effet de mes tendres Amours!
Qu'elle me soit sincere, afin qu'en nostre vie
Nous puissions nostre Amour exercer sans envie.

A AVFILENE. 111. *Aufilena, bonæ. 8.*

Aufilene, on veut bien des meilleures Amies
Que l'on en fasse estat, plus que des ennemies;
Qu'on leur donne le prix, lorsque pouvant donner,
Leur liberalité se doit bien couronner.
Mais toy m'ayant promis quelque faveur exquise,
Sans me l'avoir donnée aprés l'avoir promise,
Ce m'est estre ennemie : & puis ne donner pas
Ce qu'on vend cherement, est faire un mauvais pas.
Il ne faut pas agir de la sorte, Aufilene,
Comme une Fille libre, & publique & hautaine.
Mais recevoir toûjours des presens pour tromper
L'attente de chacun, c'est de s'émanciper.
On n'en diroit pas tant d'une personne avare,
Qui s'abandonne à tout d'une façon bizare.

A LA MESME. 112. *Aufilena viro. 4.*

Aufilene, on ne peut davantage loüer
Une Femme qu'on doit pour Epouse avoüer,
Que de la voir contente
D'avoir un seul Mari qui borne son attente.

Mais il est plus permis à quelqu'une d'avoir
Beaucoup de Favoris manquant à son devoir,
Que d'un Oncle se faire abominable Mere
De ses Cousins Germains ou de son petit Frere.

CONTRE NASON. 113. *Multus homo.* 2.

NASON qui tombe à terre est un homme puissant.
Il est un puissant homme, & l'est avec soy-mesme
Nason, n'est-tu donc pas d'une puissance extrême,
Grand homme, effeminé, caressé, caressant?

A CINNA. 114. *Consule Pompeïo.* 4.

POMPÉE estant Consul pour la premiere fois
Deux hommes corruptueurs à Rome se trouverent
Consul une autrefois, Cinna, si tu m'en crois,
Deux encore à la fois sous luy se rencontrerent:
Mais chacun de ceux là crut en tant de milliers
Qu'on ne sçauroit nombrer ceux qui font ces métiers.

CONTRE MAMURRA. 115. *Formianus saltus.* 6.

ON tient mais à bon droit que tout le voisinage
Du buisson de Formie & de son païsage,
Est devenu par tout un domaine opulent.
O qu'il a de beautez! & qu'il est excellent!
On y voit des Canaux, des Viviers, des Prairies.
Les Bestes, les Oiseaux avec les Pescheries
N'y défaillent non plus que les champs spacieux.
Mais c'est en vain pour toy, ces lieux delicieux,
Exigent de ton fonds de trop grandes dépences,
Il y faut consumer de trop grandes finances:
Ie veux bien toutefois que ta terre te soit
D'un revenu si grand que chacun le conçoit,
A la charge d'ailleurs qu'y manque toute chose,
Et qu'à la fin du temps la disette y repose.
Que ton riche domaine ainsi soit donc loüé
Si pour necessiteux tu dois estre avoüé.

CONTRE LE MESME. 116. *M. habet justa.* 8.

CE Collosse si grand a trente arpents de pré,
Quarante arpents de terre, un jardin diapré.

Des Canaux, des Viviers au reste du domaine,
Qui sont autant de Mers que pousse une fontaine.
Pourquoy cet homme là ne passera-t-il pas
En richesses Cresus, qui peut voir sous ses pas,
Dans un simple reduit possedant toutes choses
Des prez, des champs, des bois, des montagnes encloses,
Et des marets qui vont jusques à l'Ocean :
Et de l'Hyperborée, aux Rives d'Eridan ?
Pour en dire le vrai, ces choses là sont grandes ;
Mais il est un abysme avecque ses amandes.
Rien ne sçauroit suffire à son avidité :
C'est une étrange piece en son activité
Battant de tous costez ; menaçant toutes choses,
Sans en sçavoir le fonds, le progrez ni les causes.

A GELLIE. 117. *Sæpe tibi.* 8.

COMME souvent j'essaye à te faire un present,
Capable d'adoucir ton esprit méprisant,
Afin qu'estant armé de traits tu n'essayasses,
Comme une Mousche guespe au sortir des crevasses,
De me piquer le front, & me faire sentir
Ton insolent dépit, cause d'un repentir.
Mais je m'apperçois bien maintenant, grand Gellie,
Que ce labeur en vain à ce dessein me lie.
Tous mes vœux en cela ne m'ont de rien servi
Tu t'es voulu commettre, & j'en serai ravi.
Mais pour m'en garantir, je mettrai sur ma teste
Quelque armet assez fort contre cette tempeste,
Ie pourrai me sauver de tes darts, de tes traits,
Quand les miens t'attaindront & de loin & de prés.

ELOGES DE VENUS POUR FAIRE UN RECIT EN SON honneur la veille de ſa Feſte.

Cras amet qui numquam amavit, Quique amavit cras amet, &c. v. 93.

Ce Vers intercalaire repeté juſques à onze fois dans cette piece, a eſté rendu d'onze façons differentes.

Poëme attribué à Catulle.

PLuſieurs ont appellé ce Poëme une Piece difficile, pour ne dire pas deſeſperée en l'eſtat qu'elle eſt venuë juſques à nous. Lipſe a eſté de cet avis. Au reſte, bien qu'il ne ſoit pas aſſeuré, que ſon Original ſoit de Catulle, & qu'il y a meſme apparence qu'il ait eſté fait long-temps depuis ſa mort, tant à cauſe du ſtile qui eſt ſouvent un grand juge des Ouvrages, que pour d'autres raiſons qui ont donné ſujet de croire à de ſçavants Critiques, qu'il ne peut avoir eſté compoſé avant le temps de Solin & de Pline l'aîné, ſous l'Empire de Veſpaſien, Si eſt-ce qu'on peut dire qu'il n'eſt point indigne de Catulle Et certes il y a dans ce Poëme des élegances telles, outre l'erudition, qu'il ſeroit aſſez mal-aiſé d'aller gueres plus loin. Il eſt preſque par tout Philoſophique autant qu'il eſt gallant : Et quelque choſe vers la fin, fait connoiſtre aſſez que ſon Autheur a eu en veüe ce que Virgile a dit d'Enée & de Lavinie.

QVI d'Amour eſt touché, que ſon ame bleſſée
Luy mette encor demain l'Amour en ſa penſée :
Et qu'un cœur inſenſible aux plaiſirs de l'Amour,
Apres l'avoir connu, l'adore au premier jour.

LE temps ſe renouvelle, & le Printemps s'appreſte,
Avec ſon doux concert à calmer la Tempeſte.
Le Monde on voit renaiſtre au retour du Printemps,
C'eſt en cette Saiſon qu'on voit les cœurs contens,
Que les Eſprits ſont doux, que les Amours s'allient,
Et que tous les Oiſeaux enſemble ſe marient.
Les autres Animaux également touchez,
Aux flâmes de l'Amour ſe trouvent attachez.
Les Bois à découvert montrent leurs chevelures,
Venant d'eſtre arroſez à certaines meſures.
Dés demain la Deeſſe, aſſemblant les Amours,
Meſlera leur richeſſe avec leurs beaux atours
D'un Myrthe délié les branches verdoyantes,
Avec les rameaux verds des autres belles plantes,

Demain Dione estant sur un trône élevé,
Publiera les Edits de son Conseil privé.

> Qui n'a jamais aimé, qu'il aime sans mesure,
> Et qui jadis aima, qu'il poursuive d'aimer.
> Il faut recompenser l'Amour avec usure:
> Et pour son propre bien on le doit estimer.

Entre tous les Chevaux qui sont Hippopotames,
Des Peuples azurez les ondoiantes ames,
Dione qui naquit d'une écume de Mer
Fit voguer une Masse en son empire amer,
Conceuë en peu de temps d'une pluye abondante,
Qui d'un Mary puissant l'a fit femme excellente.

> Que celuy qui d'Amour ne fut jamais épris ,
> Le sente dés demain dans son ame insensée:
> Et qui de ses atraits ne fut jamais surpris ,
> Que son ame s'y trouve encore interessée.

Æn peignant de ses fleurs l'Année au teint riant,
Elle l'a pare aussi des perles d'Orient:
Elle grossit son sein par de douces haleines:
Elle échauffe sa couche, & console ses peines:
L'éclatante rosée, elle met sur les eaux,
Que de la nuit seraine elle amasse en faisceaux,
Et sur le frais picquant qui les larmes resserre,
Ces pleurs en tremblotant éclattent sur la terre,
Avec le juste poids qui les a fait tomber,
En forme de rosée afin de l'imbiber:
La goutte qui s'échappe, en certain petit globe,
Soûtient sa douce cheute où l'onde se dérobe.
Les belles Fleurs ainsi découvrent leur pudeur,
Sous cette humeur celeste exprimant leur odeur,
Et couvrent au matin d'un voile humide & pasle
Leur innocence chaste & beauté virginale.
Les Roses qu'on cherit, qui de leur pureté,
Ne sallissent jamais leur belle nouveauté,
Sont toutes au matin si proprement parées,
Qu'on diroit à les voir qu'on les a preparées,
Pour quelque jour de joye illustre à leur sujet,
Outre leur avantage acquis par le bien-fait

Du beau ſang d'Adonis, des perles de l'Aurore,
Des yeux de l'Amour meſme, & des feux qu'on adore,
Aux flâmes du Soleil, de ſes rayons pourprez,
Et de tout ce qui rend nos jardins diaprez,
Celle qui depuis peu ſe tenoit ſi cachée,
Sous un habit de feu ſans eſtre détachée,
Ne craindra pas beaucoup d'épanoüir demain
Son aymable rougeur auprés de ſon germain,
Sur le bouton exquis l'honneur d'un beau Parterre,
Qui d'un nœud conjugal les lie & les reſſerre.

Qui n'a jamais aimé, qu'il aime dés demain,
Comme celuy qui ſent ſon ardeur dans ſon ſein.
Qui n'a jamais aimé, que dés demain il aime,
Et qu'un amour conſtant ſoit demain tout de meſme.

Cette Deeſſe auguſte avec ſon bel Enfant,
Qui parmi la jeuneſſe eſt toûjours triomphant,
Commande de ſortir de la Foreſt charmante
Aux Nymphes que l'on ſçait d'humeur aſſez galante.
On ne peut cependant bien croire que l'Amour
Demeure ſans raiſon inutile en ce jour,
S'il porte avec ſon Arc ſon Carquois & ſes Fléches.
Allez, Nymphes, l'Amour ne fera point de brêches.
Il a mis bas ſes traits, ſe voulant divertir.
On luy commande meſme avant que de partir,
D'aller tout deſarmé, tout nud, ſans choſe aucune,
De peur qu'à ſa rencontre, il n'en bleſſe quelqu'une
De ſes Traits dangereux, ou de ſon clair Flambeau,
Qui penetre l'abyſme, & qui brûle dans l'eau.
Mais prenez garde à vous, toutes Nymphes gentilles,
La beauté de l'Amour eſt ſuſpecte à des Filles,
L'Amour eſt plus armé ne l'eſtant point du tout,
Que quand il eſt veſtu pour ſe tenir debout.

Qui n'eut jamais d'amour doit bien eſtre inſenſible.
Mais demain il aura d'autres deſſeins poſſible.
Qu'un cœur ſec ſe devore & periſſe ſoudain
Si les charmes d'Amour ne le rendent humain.

Venus avec pudeur à la voſtre ſemblable,
Vous renvoye en ce jour, ô Diane admirable,

Celle

Celle que vous aimez : une chose pourtant
Nous oblige à vous faire un discours important.
Ne souffrez d'aujourd'huy que les Bois se rougissent
Du sang des Animaux, qui sous vous obeïssent.
La Deesse aussi bien voudroit que vous vinssiez,
S'il estoit bien seant qu'en ces lieux vous fussiez.
Vous estes toute pure & Vierge si pudique,
Que rien ne doit choquer vostre cœur heroïque.
Vous y verriez trois nuits de suite dans nos Bois,
Au son des Chalumeaux, des Flutes, des Hautbois,
Entrer de toutes parts les dances feriales,
Pour qui l'on void le Myrthe & les branches Royales
Couronner les Gallands & les Belles de fleurs,
En vestemens choisis de diverses couleurs.
Ny Ceres, ny Bacchus, ny le Dieu des Poëtes
N'en seront point absens, tous beaux comme vous estes,
Sans y garder pourtant ny cette Majesté,
Ny ce lustre élattant de leur Divinité,
Qui pourroient empescher la liberté permise
A dire des chansons sans user de surprise.
Mais que Dione regne aujourd'huy dans les Bois,
Et que Delie absente y vienne une autrefois.

Qui iamais de l'Amour n'a senti dans son ame
Le doux emportement de sa divine flâme,
Eprouve dés demain, ses flèches & ses feux,
Et qui iadis aima soit encore amoureux.

La Deesse à l'instant de mille dons comblée
Sur un haut Tribunal entre les fleurs d'Hiblée,
Avec les Graces sœurs exerçant son pouvoir,
Y va rendre justice, & faire son devoir.
Hiblée, en ce lieu-là, répan tes fleurs diverses,
Oüi, que cette Montagne y donne sans traverses,
Tout ce que cette année apporte de parfums,
Agreables & doux qui ne sont point communs.
Là, des Monts, & des Champs seront les belles Fées,
Celles des Bois sacrez, des Collines, des Prées.

La Mere de l'Amour enfin a commandé,
Que chaque Nymphe y fust au jour qu'on l'a mandé.
Elle a fait un Edict que toutes les Pucelles
Ne s'asseurent jamais des Amours infidelles.

Que celuy qui d'Amour ne fut iamais atteint,
Soit sensible à ses traits dont nul cœur ne se plaint,
Et qu'il ait dés demain dans son ame insensée
Tous les feux dont l'Amour échauffe une pensée.

Qu'elle donne de l'ombre aux gracieuses fleurs,
De qui la tige droite éleve les couleurs.
Demain le Prince Ether, l'Autheur des Mariages
Commencera l'année avec de bons presages.
Les Nuages feconds de la douce Saison,
En seront les témoins, pour en faire raison.
Il alliera la Pluye à la Terre fertile,
Qui de son noble Epoux recevra l'Onde utile:
Elle ressentira ses doux débordemens,
Afin que ces humeurs donnent les alimens
Necessaires au corps, ou se trouvant meslées,
La feconde Venus qui les a débroüillées,
Par l'oculte vertu qu'elle porte à propos
Elle les mette aux lieux qu'elle a dans leur enclos:
Et se sert d'un Esprit, qui toûjours s'insinuë
Dans les membres du Ciel & de la Terre nuë,
Des Regions de l'air, de l'humide Element,
Et de tout ce qui peut recevoir l'aliment:
Pour sa production, elle abreuve sans cesse
Le Receptacle ouvert, par un conduit qui presse,
La Semence divine, où la doivent porter
Les organes formez sans en rien écarter,
Et veut par ce moyen que le Monde discerne,
Qu'en ses productions c'est le Ciel qui gouverne.

Qui les traits de l'Amour a senti dans le cœur
Adore son pouvoir & le nomme vainqueur:
Qui n'en a point souffert la violente attainte
L'éprouve dés demain par force ou par contrainte.

De la race Troyenne, elle fit aux Latins
Un transport honorable avec d'heureux Destins.
Elle fit épouser *au glorieux Enee*
La belle Lavinie en son temps couronnee.
Vne vierge pudique elle offrit à son Mars,
De Vestale l'ayant exposée aux hazards :
Aux hommes de Romule, elle donna des femmes;
Par le ravissement, & par de douces trames.
D'où vinrent des Romains les premieres maisons,
Celle des Ramnes fiers, & des Quirites bons.
Et d'où les Descendans d'une si noble race,
La Mere de Romule, & Cesar qui l'efface.

Si l'Amour à quelqu'un n'a point brûlé son sein,
Demain quand le Soleil ouvrira sa carriere,
S'il n'a perdu le sens, il prendra le dessein,
De respecter toûiours sa divine lumiere.

Les Champs sont augmentez des grands dons prévenus
Qu'inspire la divine & celeste Venus.
On dit aussi qu'Amour fils de cette Déesse
Nâquit à la Campagne, objet de sa tendresse,
L'ayant voulu nourrir par les baisers des fleurs,
Et par ceux de sa bouche, & par l'eau de ses pleurs.

Qui méprise l'Amour, qu'en son ame mal-saine
Dés demain il l'adore, & qu'il sente la peine,
De l'avoir negligé dans son cœur imprudent.
Tout luy doit faire peur jusqu'au moindre accident.

Je voy déja partout les Agneaux, qui paroissent
Autour de nos Genets, qui tous vous reconnoissent,
Engagez comme ils sont d'un lien conjugal,
A vous servir toûjours par un devoir fatal.
J'apperçois le troupeau sous les ombres plaisantes,
Avecque les Maris des Brebis innocentes.
La Déesse défend le silence aux Oiseaux;
Pour les ouïr chanter autour des Arbrisseaux.
Les Cignes babillards d'une voix enroüée,
Font autour des Estangs un bruit qui nous recrée.

Les filles de Terée à l'ombre d'un Peuplier
Cajolent, au sujet de ne s'y pas fier,
Avec tant d'agrément, qu'il semble qu'une bouche
En pousse les accents pour fléchir une souche :
Et je puis croire aussi qu'on ne sçauroit nier
Qu'une Sœur ne se plaigne icy d'un Mary fier.
Elle chante. Ecoutons, un peu de patience.
Quand est-ce, nous dit-elle, avec son éloquence,
Que nostre doux Printemps reviendra parmi nous ?
Je ne puis plus parler de son juste courroux.
Mais quand me dois-je taire, ainsi que l'Hirondelle,
Qui quelquesfois muette étouffe sa querelle ?
C'est assez, mes discours sont déja superflus.
Apollon qui me fuit ne me regarde plus,
Et la Muse me quitte. Ainsi par le silence,
Le sien perdit Amycle avec impatience.

Qui n'a iamais aimé, qu'il brusle nuit & iour,
Eprouvant dés demain tous les traits de l'Amour.

IL sera aisé de voir que l'on a voulu éluder la propre signification de certains termes en quelques Epigrammes de Catulle, parce que l'honnesteté ne l'eust pû souffrir, & que d'ailleurs, il est certain que les choses n'en seroient ni meilleures ni plus belles. Le Poëte a entendu en quelque lieu Mamurra, par le mot *Mentula*, que l'on n'a pas voulu traduire, non plus que le Culus de la 98. Epigramme, que l'on a rendu par dos, & les mots *pædicare*, *irrumare*, & autres semblables qui sont insupportables. Cesar avec toute sa gloire, n'est pas traité dans cet Ouvrage avec tout le respect que sa grande puissance, & son grand merite d'ailleurs eussent pû exiger Mais cet excellent Personage ne fit pas seulement semblant de se soucier d'une telle licence, & n'en fit pas aussi pour cela un plus mauvais traitement à Catulle, qui l'avoit si peu ménagé. Ce qui ne l'a point deshonoré : car les grands Princes sont au dessus de ces petites railleries, ce qui ne l'empescha pas aussi de porter son ambition iusques au plus haut point qu'elle pouvoit monter.

FIN.

www.ingramcontent.com/pod-product-compliance
Ingram Content Group UK Ltd.
Pitfield, Milton Keynes, MK11 3LW, UK
UKHW021310190726
13839UKWH00007B/589